Zimmermann, Zellweger (Hrsg.)

Lernendenorientierung

Tobias Zimmermann,
Franziska Zellweger (Hrsg.)

Lernendenorientierung

Studierende im Fokus

Forum Hochschuldidaktik
und Erwachsenenbildung, Band 3

Eine Publikation des ZHE –
Zentrum für Hochschuldidaktik und Erwachsenenbildung,
Pädagogische Hochschule Zürich

hep der bildungsverlag

der bildungsverlag
www.hep-verlag.ch

Tobias Zimmermann, Franziska Zellweger (Hrsg.)
Lernendenorientierung
Studierende im Fokus
Forum Hochschuldidaktik und Erwachsenenbildung, Band 3
Eine Publikation des ZHE – Zentrum für Hochschuldidaktik
und Erwachsenenbildung, Pädagogische Hochschule Zürich
ISBN 978-3-03905-783-2

Bibliografische Information der Deutschen Nationalbibliothek:
Die Deutsche Nationalbibliothek verzeichnet diese Publikation
in der Deutschen Nationalbibliografie; detaillierte bibliografische Daten
sind im Internet über http://dnb.dnb.de abrufbar.

1. Auflage 2012

hep verlag ag
Gutenbergstrasse 31
CH-3011 Bern

www.hep-verlag.ch

Zusatzmaterialien und -angebote zu diesem Buch:
http://mehr.hep-verlag.ch/hochschuldidaktik3

Inhaltsverzeichnis

Vorwort zur Reihe Forum Hochschuldidaktik und Erwachsenenbildung

Dozierende an Hochschulen lehren, prüfen, beraten, forschen, organisieren Wissens- und Technologietransfer durch Weiterbildung und Dienstleistungen, betreiben Projektmanagement und engagieren sich in der Qualitätsentwicklung der eigenen Hochschule.

Lehre und Unterricht an Hochschulen und die Hochschulentwicklung sind zudem durch die Umsetzung der Bologna-Deklaration besonders herausgefordert: Dozierende gestalten gemeinsam Curricula oder einzelne Module, planen Leistungsnachweise, integrieren Phasen von selbstorganisiertem Lernen oder implementieren Konzepte wie Problem-based Learning in ihren Lehrveranstaltungen.

Das ZHE – Zentrum für Hochschuldidaktik und Erwachsenenbildung wurde 2009 an der Pädagogischen Hochschule Zürich gegründet und unterstützt Hochschulen und ihre Dozierenden bei den oben beschriebenen Herausforderungen durch Weiterbildung und Beratung.

Themenschwerpunkte des ZHE sind u. a. die Rollenvielfalt bei Dozierenden, kompetenzorientierte Lehre, die Lernendenorientierung, erwachsenenbildnerisches Handeln in der Lehre an Hochschulen und Hochschulentwicklung.

Mit der Reihe Forum Hochschuldidaktik und Erwachsenenbildung haben wir uns zum Ziel gesetzt, Diskussionen und Auseinandersetzungen um aktuelle und praxisrelevante hochschuldidaktische Fragen anzuregen sowie Dozierenden an Fachhochschulen sowie Aus- und Weiterbildungsverantwortlichen in weiteren Institutionen der Erwachsenenbildung nützliche Reflexions- und Handlungsinstrumente zur Verfügung zu stellen.

Jeweils eine Person oder ein Team aus dem ZHE oder dessen Umfeld verantwortet als Herausgeber einen Band; wir planen in der Regel eine bis zwei Publikationen pro Jahr.

Wir fokussieren im dritten Band auf die Perspektive der wichtigsten Personengruppe an Hochschulen, der Studierenden. Herausgegeben wird er von Franziska Zellweger und Tobias Zimmermann. Beide arbeiten am ZHE.

Geplant sind weiter folgende Bände:

- Hochschullehre variantenreich gestalten (Herbst 2013)
- Lateral führen (Frühling 2014)
- Lerntheorien und ihre Bedeutung für die Hochschullehre (Herbst 2014)

Bitte kontaktieren Sie uns für Rückmeldungen oder Ideen in Bezug auf Themen.

Wir wünschen Ihnen viele Anregungen.

Prof. Dr. Geri Thomann,
Leiter ZHE Zentrum für Hochschuldidaktik und Erwachsenenbildung

geri.thomann@phzh.ch
http://hochschuldidaktik.phzh.ch/

Tobias Zimmermann, Franziska Zellweger

Einführung und Übersicht

Fachhochschulstudierende im Fokus

Wer sind die heutigen Lernenden an Fachhochschulen und Pädagogischen Hochschulen, und welche Erwartungen haben sie an ihre Aus- oder Weiterbildung? Dürfen Studierende als Kunden bezeichnet werden? Und welche Bedeutung hat das Thema «Lernendenorientierung» für Dozierende? Der vorliegende dritte Band der Reihe «Forum Hochschuldidaktik und Erwachsenenbildung» bietet Antworten auf diese Fragen aus unterschiedlicher Perspektive an. Wir lassen dazu Studierende, Dozierende, Expertinnen und Experten zu Wort kommen.

Vorab möchten wir die groben Linien skizzieren, die eine Beschäftigung mit Fragen der Lernendenorientierung nicht nur aktuell, sondern auch lohnenswert erscheinen lassen:

- Im Zusammenhang mit verschiedenen Bildungsreformen hat sich die Schweizer Hochschullandschaft in den letzten Jahren erheblich gewandelt. Es sind neue Hochschulen entstanden, und so studieren seit einigen Jahren auch angehende Lehrpersonen, Physiotherapeutinnen, Designer oder Kunstvermittlerinnen an Hochschulen (vgl. Weber et al. 2010). Damit stellt sich die Frage, welches Bild von Studierenden an den verschiedenen Fachhochschulen herrscht und welche Vorstellungen von Studium und guter Lehre ihre Studierenden mitbringen.
- Zugleich haben sich in den letzten zwei Jahrzehnten auch die hochschuldidaktischen Erkenntnisse weiterentwickelt. So gibt es unter dem Motto «Shift from Teaching to Learning» (Barr & Tagg 1995; Welbers & Gaus 2005) einen hochschuldidaktischen Trend, Hochschullehre stärker aus Sicht der Lernenden zu denken. Im Vordergrund soll weniger die Vermittlung von (Wissens-)Inhalten stehen, sondern stärker die aktive Konstruktion bzw. das «Entdecken» von Wissen, etwa durch das Lösen authentischer Problemstellungen oder forschendes Lernen (Reinmann 2005). Die Lernenden übernehmen dabei eine aktive Rolle bei der Erarbeitung des Wissens und tragen damit auch eine grössere Verantwortung für den Lernprozess.
- Die Bologna-Reform ist an den Schweizer Hochschulen inzwischen landesweit umgesetzt. Dabei ist die hochschulpolitische Rhetorik geprägt

von Begriffen wie Arbeitsmarktfähigkeit *(employability)*, also dem Anspruch, dass Studierende selbstständig und praxisorientiert arbeiten können, oder dem lebenslangen Lernen, also dem Ziel, dass sich die Studierenden auch über ihr Studium hinaus selbstständig fachlich weiterentwickeln. Diese Betonung studentischer Selbstständigkeit steht in einem gewissen Widerspruch zur Tatsache, dass die Bologna-Reform von den Schweizer Fachhochschulen ohne systematischen Einbezug der Studierendenperspektive umgesetzt wurde, wie von Matt (2010, S. 86) in seinem Bologna-Report feststellte. In einer stärkeren Berücksichtigung der Sichtweisen und Anliegen von Studierenden bei der Gestaltung von Lehre im Allgemeinen oder auch ganzen Studiengängen würde eine Chance für gegenseitiges Lernen liegen (vgl. ebd.).

- Die eher diffusen internationalen Studierendenproteste an diversen europäischen Universitäten Ende 2009 haben die Öffentlichkeit für einen Moment aufhorchen lassen und rückten die Befindlichkeit der Studierenden ins Zentrum der Aufmerksamkeit (vgl. auch Wagner 2011, S. I). Interessant für unseren Zusammenhang ist der Umstand, dass zumindest in der Schweiz diese Proteste Fachhochschulen und Pädagogische Hochschulen kaum betrafen, sondern ein universitäres Phänomen blieben.

Gerade der letzte Punkt legt nahe, dass die Situation der Studierenden an Fachhochschulen und Pädagogischen Hochschulen eine andere ist als jene von Universitätsstudierenden. Insgesamt scheint allerdings noch kaum systematisch aufgearbeitet, wer die Studierenden an Fachhochschulen und Pädagogischen Hochschulen sind, welche Bedürfnisse sie haben, welche Anforderungen gegenüber der Hochschule und ihren Dozierenden sie äussern – und was das alles für den Umgang von Dozierenden mit Studierenden bedeutet. Diese Fragen sind es, zu deren Klärung wir unter dem Stichwort «Lernendenorientierung» mit unserem Band einen Beitrag leisten möchten.

Vielfältige Perspektiven

Im ersten Beitrag «Wer sind die Studierenden an Fachhochschulen?» verdeutlicht Urs Kiener mittels statistischer Daten, dass die Heterogenität der Studierenden an Fachhochschulen und Pädagogischen Hochschulen in den letzten Jahren zugenommen hat. Dies zeigt sich anhand verschiedener Dimensionen, welche die Unterschiede *vor* dem Studium (z. B. Bildungslaufbahnen,

Abbildung 1 *Themenübersicht «Lernendenorientierung – Studierende im Fokus»*

soziale Herkunft) oder *während* des Studiums (z.B. Erwerbstätigkeit, familiäre Situation) sichtbar machen. Am Ende des Beitrags wagt der Autor zudem eine interessante Prognose darüber, wie das Hochschulsystem auf die Diversität der Studierenden reagieren könnte.

Dieser quantitativ orientierte Beitrag wird ergänzt durch ein Interview mit der langjährigen Studierendenberaterin Johanna Margrethe Ammitzböll. Ihre Schilderungen geben spannende Hinweise darauf, wie einzelne Studierende ihr Studium erleben, aber auch auf Veränderungen im Bildungssystem. Obschon nach Einschätzung der Studierendenberaterin das Studium schon immer anspruchsvoll war, liefert das Interview viele Hinweise auf den erlebten Leistungsdruck als zentrale Herausforderung für heutige Studierende.

Bereits aus den ersten beiden Beiträgen wird klar, dass man eigentlich kaum von «den» Studierenden sprechen kann – zu gross ist die Heterogenität ihrer Bildungslaufbahnen, Lebensumstände und mit dem Studium verfolgten Ziele. Dies illustrieren exemplarisch auch die fünf Studierendenporträts zwischen den Beiträgen. Verfasst wurden diese Schilderungen von Isabelle Rüedi, selbst Studentin an der Universität Zürich und studentische Mitarbeiterin am ZHE – Zentrum für Hochschuldidaktik und Erwachsenenbildung der PH Zürich.

In unserem eigenen Beitrag zu diesem Band «Gute Fachhochschullehre aus Sicht von Studierenden» analysieren wir eine Diskussion über gute Lehre mit einer heterogen zusammengesetzten Gruppe von Fachhochschulstudierenden. Wir wollen dadurch exemplarisch herausarbeiten, welche gemeinsamen und unterschiedlichen Vorstellungen von guter Lehre und welche Erwartungen an die Beteiligten bestehen. Zusätzlich möchten wir anhand unserer Diskussionsanalyse auch aufzeigen, welches Potenzial in einem solchen Austausch liegt – nicht nur für einzelne Dozierende, sondern auch für Studiengangsleitende und ganze Hochschulen.

Studierende als Kunden zu bezeichnen, weckt bei vielen Dozierenden Widerstand. Tobias Jenert und Alexander Fust (Universität St. Gallen) versuchen, die Diskussion unter Bezug auf Erkenntnisse aus der Betriebswirtschaft zu versachlichen. Sie zeigen in ihrem Beitrag «Studierende (als) Kunden?!» auf, dass sich Kundenzufriedenheit nicht automatisch durch ein unhinterfragtes Eingehen auf Kundenwünsche erreichen lässt. Vielmehr müssen auch in privatwirtschaftlichen Kontexten Kunden häufig nicht nur dazu bewegt werden, ihre Bedürfnisse zu artikulieren, sondern auch darin unterstützt werden, angebotene Leistungen effektiv zu nutzen. Die Autoren geben einen Ausblick darauf, wie diese Aktivierung auch im Umgang mit Studierenden an Hochschulen gelingen kann.

Mit einer besonderen «Kundengruppe», den Weiterbildungsteilnehmenden, befasst sich der Beitrag «Studierende in der Weiterbildung» von Renate Grau. Ausgehend von reicher Weiterbildungserfahrung, zeigt die Autorin in Form von vier Thesen Besonderheiten des Lehr-Lern-Settings im Weiterbildungskontext an Hochschulen auf und gibt Hinweise und Anregungen zur Gestaltung von Weiterbildungsveranstaltungen.

Abgerundet wird unser Band durch den Beitrag «Investition in die Qualität der Lehre» von Heike Kröpke, Melanie Szabo und Silke Bock. Die Autorinnen illustrieren am Beispiel zweier deutscher Fachhochschulen, wie studentische Tutorinnen und Tutoren die Hochschullehre unterstützen können. Sie zeigen neben den Chancen eines Tutoreneinsatzes auch einige Risiken auf und geben darüber hinaus konkrete Hinweise, wie Tutorinnen und Tutoren für ihre Aufgaben geschult, gewinnbringend eingesetzt und bei ihrer Tätigkeit angemessen begleitet werden können. Ein breiterer Einsatz studentischer Tutorinnen und Tutoren an Fachhochschulen und Pädagogischen Hochschulen in der Schweiz wäre aus unserer Sicht im Sinne einer verstärkten Lernendenorientierung, aber auch als Beitrag zu einer effizienten und vielseitigen Lehre zu begrüssen.

Dank

An diesem Band haben viele Personen mitgearbeitet. Wir möchten allen Autorinnen und Autoren des Bandes herzlich danken; sie haben dazu beigetragen, die Situation der Studierenden an Fachhochschulen und Pädagogischen Hochschulen näher zu beleuchten. Insbesondere danken wir auch den Dozierenden, die je einen der Beiträge unseres Bandes gelesen und kommentiert haben, sowie den Studierenden, die sich für ein Porträt zur Verfügung stellten. Sie haben viel dazu beigetragen, diesen Band an den Alltag der beiden zentralen Gruppen von Beteiligten am Hochschulbetrieb – Studierende und Dozierende – anzuschliessen. Wir danken zudem Geri Thomann für seine Unterstützung in einigen inhaltlichen Fragen und für die Möglichkeit, das Thema der Lernendenorientierung theoretisch wie praktisch zu erkunden.

Literatur

Barr, R. B. & Tagg, J. (1995). From Teaching to Learning – A New Paradigm for Undergraduate Education. *Change*, 27 (6), pp. 13–25. Online: http://ilte.ius.edu/pdf/BarrTagg.pdf (1.7.2012).

Reinmann, G. (2005). *Blended Learning in der Lehrerbildung: Grundlagen für die Konzeption innovativer Lernumgebungen.* Lengerich: Pabst.

Von Matt, H.-K. (2010). *Bologna-Report Fachhochschulen 2010. Stand der Umsetzung der Bologna-Reform an den Fachhochschulen.* Luzern: hvm-consulting. Online: www.kfh.ch/uploads/dobo/doku/101217%20Bologna%20Report_D.pdf?CFID=24454805&CFTOKEN=15437665 (1.7.2012).

Wagner, E. (2011). Editorial: Wer sind «die Studierenden» in der «Bologna-Ära»? Zeitschrift für Hochschulentwicklung 6 (2), S. I–V. Online: www.zfhe.at/index.php/zfhe/article/view/365/370 (1.7.2012).

Weber, K., Balthasar, A., Tremel, P. & Fässler, S. (2010). *Gleichwertig, aber andersartig? Zur Entwicklung der Fachhochschulen in der Schweiz.* Basel/Bern: Gebert-Rüf-Stiftung, Zentrum für universitäre Weiterbildung.

Welbers, U. & Gaus, O. (Hrsg.) (2005). *The Shift from Teaching to Learning. Konstruktionsbedingungen eines Ideals.* Festschrift zum 60. Geburtstag von Johannes Wildt. Bielefeld: Bertelsmann.

Urs Kiener
Wer sind die Studierenden an Fachhochschulen? Hinweise auf eine zunehmende Vielfalt

Einführung von Vera Luginbühl

Die Frage nach der Bildungsherkunft und -laufbahn der eigenen Studierenden ist für alle Dozierenden zentral. Die Vorkenntnisse, die Lernkultur, das Interesse und die Motivation der Studierenden ergeben praktische Konsequenzen für den eigenen Unterricht. Urs Kiener fasst im nachfolgenden Artikel in kompakter Art und Weise die wichtigsten statistischen Kennzahlen und Fakten in Bezug auf die Fachhochschulstudierenden zusammen und gibt spannende Einblicke und Interpretationen, was die Zahlen bedeuten könnten.

Im naturwissenschaftlich geprägten Studiengang Biotechnologie, in dem ich selbst unterrichte, zeigt sich eine ähnliche Tendenz, wie von Urs Kiener beschrieben: So nimmt die Zahl der Studierenden mit einer klassischen Laborausbildung eher ab, dafür haben wir mehr Studierende aus technischen Berufen, aus Gesundheitsberufen oder mit gymnasialer Matur. Was aber sagen die Durchschnittswerte über die eigenen Studierenden aus? Wie kann ich dieser zunehmenden Vielfalt im Unterricht begegnen und gerecht werden? Neue Lehr- und Lernformen sind gefragt, die in verschiedenen Lernarrangements multidisziplinäres und individuelles Lernen ermöglichen. Erstaunt haben mich die Daten zu den hohen Erwerbstätigkeitsquoten. Studium und gleichzeitige Erwerbstätigkeit können eine wertvolle Bereicherung sein. Übersteigt aber das zeitliche und emotionale Engagement für berufliche Tätigkeiten gewisse Grenzen, können sich die Studierenden nicht mehr auf ihr Studium fokussieren, und das Leistungspotenzial wird nicht ausgeschöpft. Wenn immer möglich, versuchen wir deshalb, Studierende für anfallende Arbeiten in unsere institutionellen Arbeitsbereiche einzubinden. Nicht nur die Arbeitswelt ist vernetzter und komplexer geworden, sondern auch die Bildungswelt. Als Lehrpersonen müssen wir uns diesen Herausforderungen stellen, aber auch die Chancen nutzen, die sich ergeben.

Vera Luginbühl, Prof. Dr. sc. nat., dipl. pharm. ETH, arbeitet an der ZHAW als Dozentin und Forschungsleiterin im Institut für Biotechnologie in Wädenswil. Arbeitsschwerpunkte: Formulierung von innovativen Arzneiformen, Mikroverkapselung und nanopartikuläre Drug-Delivery-Systeme, wirkstoffbeladene Implantate zur Knochenregeneration, zellbasierte fotodynamische Therapie bei Hirntumoren.

Einleitung

«Der Eintritt in die Fachhochschule führt über die Berufsmatur.» Das ist verbreiteter *common sense* (und war politisches Programm) – entspricht es auch der Wirklichkeit? Und: Spielt es eine Rolle, ob die Aussage zutrifft oder nicht? Spielt es eine Rolle, ob es Personen wie Dragana sind, die mit fünf Jahren in die Schweiz immigriert ist und unmittelbar nach Berufslehre und Berufsmatur den Studiengang X belegt, um eine ins Auge gefasste berufliche Position zu erreichen? Oder ob es Personen wie Florian sind, der nach einer gymnasialen Matur, einem Jahr Zwischenlösungen, einem Semester an einer Universität und dann nach einer obligatorischen einjährigen beruflichen Praxis in den Studiengang X eintritt?

Traditionell ging das Bildungssystem davon aus, dass die gemeinsamen (oder als «äquivalent» eingeschätzten) Erfahrungen im Bildungssystem für die Bildungslaufbahn relevanter sind als alle Unterschiede zwischen den Lernenden/Studierenden. Dabei war es hilfreich, sich auf stille bzw. implizite Annahmen über Lernende und Studierende zu verlassen (und verlassen zu können). In den letzten Jahrzehnten aber haben zwei Entwicklungen diese Sichtweise zunehmend infrage gestellt:

1. Eine wachsende Diversität der Studierenden: Die Expansion des Bildungssystems und die gestiegene Durchlässigkeit, die Modularisierung und damit die Lockerung fixer zeitlicher Abfolgen von Bildungsbausteinen haben dazu geführt, dass die Individuen immer weniger vorgegebene Programme durchlaufen können und wollen, sondern sich individuelle Laufbahnen und Biografien schaffen müssen und dürfen.

2. Eine Sichtweise auf das Lernen, welche informellen Prozessen eine grosse Bedeutung zumisst: Gemäss dieser Sichtweise ist es für die Steuerung des Lernens wichtig, in den Studierenden mehr zu sehen als bloss aktuell studierende Personen, weil nämlich ihre Lebensgeschichte sowie parallele Tätigkeiten und Rollen ihr Lernen beeinflussen.

Dieser Beitrag thematisiert weder die Diskussion um das informelle Lernen noch die Entwicklung der Studierendendiversität. Er versucht stattdessen, einige ausgewählte Antworten auf die Frage zu geben, wer bzw. wie die Studierenden an Fachhochschulen heute sind.[1] Und er versucht am Schluss, einige Aspekte der zukünftigen Entwicklung zu skizzieren und zu diskutieren.

1 Quellen für diesen Beitrag sind die Daten des Schweizerischen Hochschulinformationssystems SHIS des Bundesamtes für Statistik BFS, die in verschiedenen Publikationen aufbereitet werden,

Die Fachbereiche

Bevor man über die Studierenden der Fachhochschulen spricht, muss man die Heterogenität der Fachhochschulen beachten. Die angebotenen Fachbereiche unterscheiden sich in zentralen Punkten.

Die Gruppe der sogenannten «alten» Fachbereiche Technik, Wirtschaft, Design (TWD) ist stark mit der dualen Berufsbildung verbunden: Diese Fachbereiche bauen traditionellerweise auf Berufslehren auf und werden durch die Instanzen der Berufsbildung (BBT) gesteuert. Die sogenannten «neuen» Fachbereiche Gesundheit, Soziales, Kunst (GSK) hingegen gehören zu einem traditionell alternativ strukturierten berufsvorbereitenden Bildungsbereich: einem Bereich von allgemeinbildenden Schulen der Sekundarstufe II (Diplom- bzw. Fachmittelschulen, Gymnasien) und höheren Fachschulen, der von den Instanzen der Allgemeinbildung (Kantone, EDK) gesteuert wurde. In diesen Bereichen gibt es keine Tradition der Berufslehren – diese wurden erst in den 1990er-Jahren eingeführt. Ein weiterer Unterschied betrifft die Beziehung zwischen Ausbildung und Person der Studierenden. In den TWD-Bereichen genügt meist der formelle Zulassungsausweis, um in Studiengänge aufgenommen zu werden, in den GSK-Bereichen spielen zusätzlich Eignungs- und Motivationsaspekte, die oft in elaborierten Aufnahmeverfahren überprüft werden, eine grosse Rolle. Hier genügt der formelle Zulassungsausweis nicht. Die Fachhochschulstudiengänge, die professionsspezifische Aspekte aufweisen, enthalten alle auch inhaltliche Elemente (Reflexionsphasen, Supervision usw.), welche die Beziehung zwischen Person der Studierenden und späterer Tätigkeit thematisieren. Sehr oft besteht hier zudem ein klar beschränktes Studienplatzangebot.

Die *Lehrkräfteausbildung (Pädagogische Hochschulen PH)* – in einigen Klassifikationen den Fachhochschulen zugeschlagen, in anderen als selbstständiger Hochschultyp geführt – bilden einen dritten Bereich, der kaum etwas mit der Berufsbildung zu tun hat.

Die folgende Abbildung zeigt die Grössenverhältnisse der Fachbereiche und die jeweiligen Anteile von weiblichen und ausländischen Studierenden (im Anhang auf S. 28 findet sich die Tabelle mit den Werten zur Grafik).

die Sozialerhebung des BFS bei den Studierenden der Schweiz, die periodisch durchgeführt wird, sowie eine Befragung der Neustudierenden der Zürcher Hochschule für Angewandte Wissenschaften ZHAW, einer Mehrsparten-Fachhochschule, die zusammen mit der Zürcher Hochschule der Künste und der Pädagogischen Hochschule Zürich die Zürcher Fachhochschule bildet.

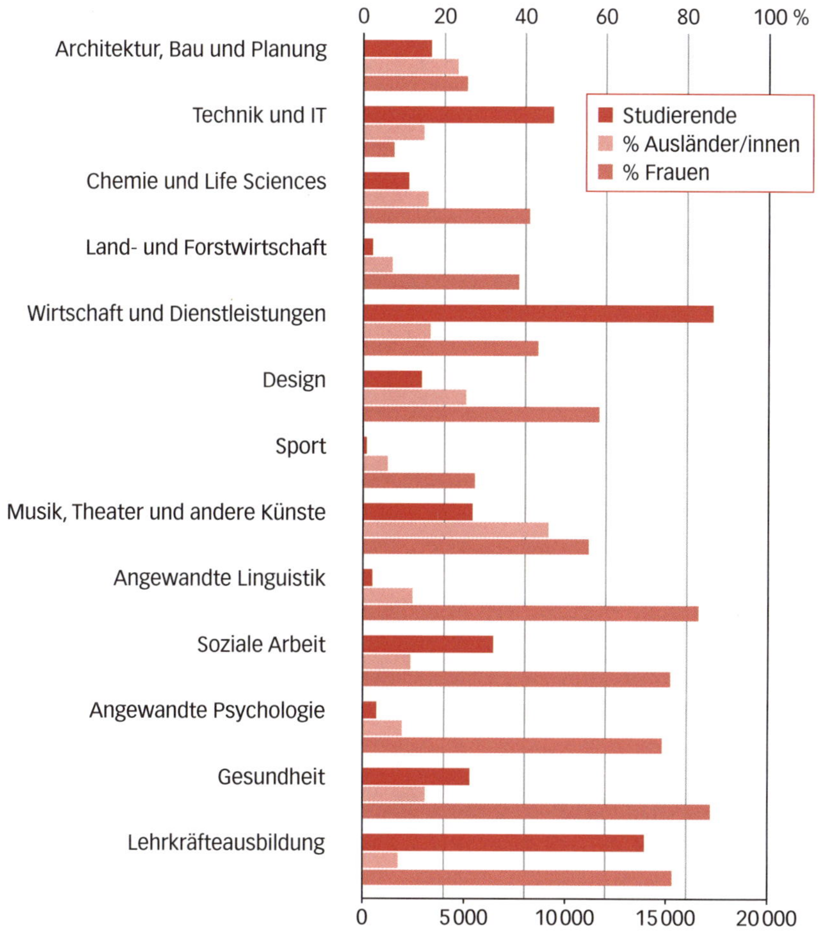

Abbildung 1 *Studierende im Diplom-, Bachelor- und Masterstudium an Fachhochschulen und Pädagogischen Hochschulen nach Fachbereich (Anzahl absolut), Frauen- und Ausländer/innen-Anteil, 2010/11. Quelle: BFS 2011b, S.16*

Deutlich ist die unterschiedliche geschlechterspezifische Prägung der Fachbereiche: Der TWD-Bereich wird überwiegend von Männern belegt, der GSK-Bereich und die Lehrkräfteausbildung überwiegend von Frauen.

Personen mit ausländischer Staatsangehörigkeit sind stark im Fachbereich Musik, Theater und andere Künste vertreten.

Das Durchschnittsalter beim Eintritt in die Bachelorstufe liegt bei 23,2 Jahren. Mit Ausnahme zweier Fachbereiche streut das Durchschnittsalter nach Fachbereich wenig (22,1 Jahre in der Lehrkräfteausbildung bis 23,8 Jahre im Fachbereich Sport), in den beiden Ausnahmen jedoch beträgt es 30,9 (Angewandte Psychologie) respektive 25,3 Jahre (Soziale Arbeit) (BFS 2010a, S. 16 f.).

Exkurs: Zu den Studierenden auf Weiterbildungsstufe

In den Bildungsstatistiken über die Studierenden an den FH/PH (BFS 2011b) meint «Weiterbildungsstufe» Master of Advanced Studies MAS und Executive Master of Business Administration EMBA, also Studiengänge mit mindestens 60 ECTS-Punkten. Studierende aller anderen Weiterbildungsformen sind nicht erfasst. 98 % der Studierenden in MAS- und EMBA-Studiengängen besuchen einen berufsbegleitenden Studiengang. Der Frauenanteil beträgt 34 % und ist damit wesentlich geringer als auf der Bachelorstufe (52 %). 16 % sind ausländische Staatsangehörige.

Es ist problematisch, die Weiterbildungs- mit den Bachelor- und Masterstudierenden zu vergleichen, weil die MAS- und EMBA-Angebote nicht gleichmässig auf die Fachbereiche verteilt sind. Wegen der grossen Heterogenität der Lebenssituation dieser Studierenden werden sie in der Sozialerhebung (BFS 2010a) nicht berücksichtigt.

Vor dem Studium

Bildungslaufbahnen vor Studienbeginn

Abbildung 2 auf Seite 19 zeigt die sehr unterschiedliche Bedeutung der Zulassungsausweise je Fachbereichsgruppe.

Den jeweils grössten Anteil haben im TWD-Bereich die Berufsmatur mit 58 %, im GSK-Bereich und in den PH die gymnasiale Matur mit 30 % respektive 62 %. Die Fachmatur spielt für den GSK- und den PH-Bereich mit je ca. 10 % eine gewisse Rolle. Die ausländischen Ausweise (vgl. dazu unten mehr) liegen für alle drei Fachbereichsgruppen in einer ähnlichen Grössenordnung (9 bis 13 %). Interessant sind die Anteile der sogenannten «anderen schweizerischen Ausweise», zu denen Diplome wie eidgenössische Berufsprüfungen und höhere Fachprüfungen und Diplome höherer Fachschulen u. a. gehören,

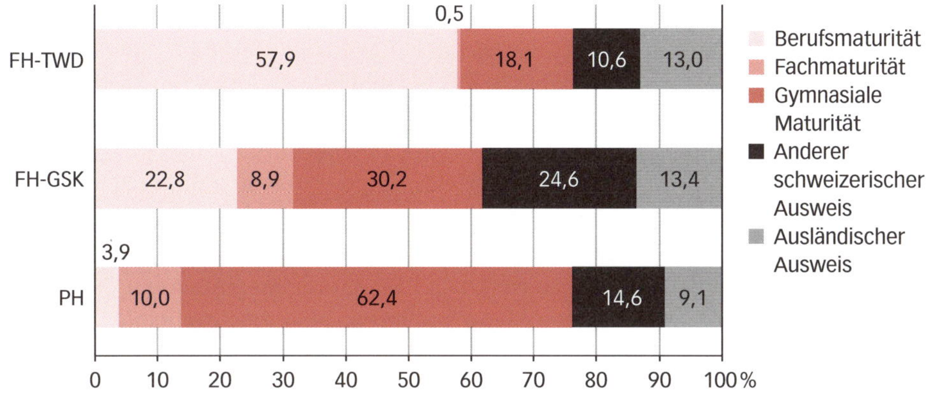

Abbildung 2 *Eintritte in die Fachhochschulen nach Typ der Fachhochschule und Zulassungsausweis, 2010/11. Quelle: BFS 2011a, S. 33*

aber auch die Zulassung durch die FH auf der Basis eines Dossiers und die vollständige Aufnahmeprüfung durch die FH. Diese Restkategorie der «anderen schweizerischen Ausweise» beträgt je nach Fachbereich immerhin 11% bis 25%.

Man kann diese Daten aus unterschiedlicher Perspektive unterschiedlich interpretieren: zum Beispiel als Beleg dafür, dass die Berufsmatur tatsächlich den Normalzugang zu den quantitativ bedeutsamsten Fachbereichen bildet, oder umgekehrt als Beleg dafür, dass sogar im TWD-Bereich nur drei von fünf Studierenden eine Berufsmatur mitbringen.

Bei diesen gesamtschweizerischen Daten ist übrigens die unterschiedliche Verteilung der Lernenden auf der Sekundarstufe II nach Sprachregion zu berücksichtigen. Im Tessin und in der Westschweiz ist der Anteil der gymnasialen Matur an einem Altersjahrgang seit Langem wesentlich höher als in der Deutschschweiz.

Von bildungspolitischem Interesse ist vor allem das Verhältnis von Berufsmatur zu gymnasialer Matur. Offensichtlich handelt es sich dabei um weit mehr als um den Unterschied zweier Maturtypen. Die Berufsmatur als *Studierbefähigung* erwirbt man parallel zum Erwerb der *Berufsbefähigung* in einer Berufslehre. Mit anderen Worten: Seit dem Alter von 16 Jahren bewegt man sich in einem eingegrenzten Tätigkeitsgebiet (Beruf/Berufsfeld) und übt die entsprechende Denkweise ein, seit diesem Alter arbeitet man unter Erwachsenen in einem Betrieb in einer ganz anderen Rolle als der Rolle «Schülerin/Schüler» – und besucht daneben die allgemeinbildende Berufsmittelschule.

Allerdings: Dieses Modell des gleichzeitigen Erwerbs von Berufs- und Studierfähigkeit ist durchaus nicht das einzige. Beinahe die Hälfte der Berufsmaturitäten (43 % im Jahr 2009; BFS 2010c, S. 35) wird als «Berufsmatur 2» erworben, d. h. nach der Lehrabschlussprüfung, meist in einem Vollzeitjahr für die entsprechende Allgemeinbildung.

Der Erwerb der gymnasialen Matur hingegen ist ausschliesslich mit der Rolle «Schülerin/Schüler» verbunden und geht mit dem Anspruch einher, bis zum Alter von 19 Jahren eine breite Allgemeinbildung vermittelt zu bekommen. An der ZHAW war ca. ein Drittel der Studienbeginnenden des Jahres 2008 mit einer gymnasialen Matur vor ihrem FH-Eintritt an einer universitären Hochschule eingeschrieben. Wieweit Umorientierung und Misserfolg dabei eine Rolle spielten, ist nicht bekannt (Kiener 2010, S.13 f.).

Herkunft der Studierenden

In- und Ausland

17 % aller FH/PH-Studierenden (alle Stufen) sind ausländische Staatsangehörige (Bachelorstufe: 15 %, Masterstufe 31 %; BFS 2011b, S. 7).

Diese 17 % teilen sich auf in 6 % sogenannte «Bildungsinländer» und 11 % sogenannte «Bildungsausländer». Mit «Bildungsinländern» werden Personen mit ausländischer Staatsangehörigkeit, aber schweizerischem Bildungsabschluss bezeichnet. «Bildungsausländer» hingegen sind Personen ausländischer Staatsangehörigkeit, die mit einem ausländischen Berechtigungsausweis in die FH/PH eintreten.

Die Unterscheidung «Inland vs. Ausland» kann nicht nur an der Staatsangehörigkeit und am Bildungsabschluss festgemacht werden, sondern zusätzlich auch noch am Wohnort vor Studienbeginn: 12 % der Studierenden (Diplom-, Bachelor- und Masterstudium) hatten vor Studienbeginn ihren Wohnsitz im Ausland (BFS 2011b, S. 19).

Die berühmte (und unpräzise) Frage nach dem «Migrationshintergrund» der Studierenden lässt sich mit diesen Variablen nicht beantworten. Denn Einbürgerungen machen Bildungsinländer zu Schweizern – und nicht alle Bildungsinländer wollen in der Schweiz Wohnsitz nehmen. Auch die folgenden Daten klären die Frage nicht, geben aber einige zusätzliche Hinweise (Kiener 2010, S. 6 f.): An der ZHAW geben 13 % der Neustudierenden an, Doppelbürgerinnen oder -bürger zu sein, also sowohl schweizerischer als auch anderer Nationalität. Und 86 % bezeichnen als ihre Muttersprache Schweizerdeutsch, 4 % Hochdeutsch oder deutsche Dialekte, 10 % eine andere Sprache.

Soziale Herkunft

In der Sozialerhebung des Bundesamtes für Statistik wird die soziale Herkunft in erster Linie durch den höchsten Bildungsabschluss der Eltern bestimmt (BFS 2010a, S. 22 ff.). 30 % der FH/PH-Studierenden (Bachelor-, Master- oder Diplomstudium) haben mindestens einen Elternteil mit einem (Fach-)Hochschulabschluss (Vollzeitstudierende: 32 %, Teilzeitstudierende: 22 %), während dieser Anteil bei den Studierenden der universitären Hochschulen 46 % beträgt. Man kann somit deutliche Unterschiede der *Hochschultypen* nach der sozialen Herkunft ihrer Studierenden feststellen. Interessant sind auch die Unterschiede der sozialen Herkunft nach der *Bildungsherkunft* der Studierenden: Mindestens einen Elternteil mit einem (Fach-)Hochschulabschluss haben 28 % der Schweizer/innen, 30 % der Bildungsinländer, 45 % der Bildungsausländer.

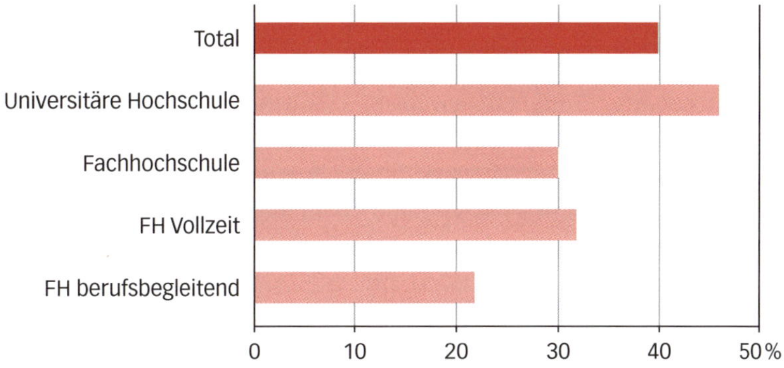

Abbildung 3 *Höchster Bildungsabschluss der Eltern: Hochschule, Fachhochschule. Quelle: BFS 2010a, S. 22*

Auch bei den Fachbereichen der FH/PH sind teilweise starke Unterschiede in der Zusammensetzung ihrer Studierenden festzustellen: Im Fachbereich Musik, Theater und andere Künste haben 50 % der Studierenden einen Elternteil mit Hochschulabschluss (hier studieren auch überdurchschnittlich viele Ausländer, vgl. Tabelle 1), im Fachbereich Design sind es 45 %, während die Anteile sich in den anderen Fachbereichen zwischen 29 % und 23 % bewegen (BFS 2010a, S. 25).

Andere Tätigkeiten vor Studienbeginn

Nach dem Erwerb der Maturität tritt nur eine Minderheit sofort in die (universitären Hochschulen und Fach-)Hochschulen ein (BFS 2011a). Wie erwähnt, beträgt das Durchschnittsalter bei Eintritt in das Bachelorstudium von FH und PH 23,2 Jahre (in der Untergruppe der Teilzeitstudierenden 26,0 Jahre), d. h., es ist einige Jahre höher als das durchschnittliche Alter beim Erwerb des Zulassungsausweises. Entsprechend sind Erwerbstätigkeit vor Studienbeginn, Praktika und Auslandaufenthalte vor Studienbeginn weit verbreitet (Kiener 2010, S. 9, 14):

- Drei Viertel der Neustudierenden der ZHAW 2008 waren vorher erwerbstätig, die Hälfte gemäss ihren eigenen Angaben mit einem inhaltlichen Zusammenhang zur folgenden FH-Ausbildung.
- Zwei Fünftel der ZHAW-Studierenden haben ein Praktikum absolviert.
- Ein Viertel war seit dem 15. Geburtstag ein oder mehrere Male sechs Monate oder länger ausserhalb der Schweiz.

Mit diesen und anderen Tätigkeiten werden Erfahrungen gemacht, welche berufs- und ausbildungsbezogene Wünsche, aber auch beruflich relevantes Wissen und allgemein die Arbeitsmarktfähigkeit beeinflussen können. Die Verbreitung dieser Tätigkeiten differiert nach Alter der Studierenden und dem Fachbereich.

Zusammenfassung

Herkunft der Studierenden, Bildungslaufbahnen und andere Tätigkeiten vor Studienbeginn können als Ressourcen für das Studium aufgefasst werden. Denn die genannten Unterschiede wirken sich z. B. materiell aus als unterschiedliches Ausmass der Elternfinanzierung des Studiums oder als unterschiedliche Höhe eigener Ersparnis. Immateriell können sie sich in unterschiedlichen Fähigkeiten ausdrücken, mittels qualifizierter Arbeit Einkommen zu verdienen, aber auch in unterschiedlichen Kompetenzen, Erwartungen, Wünschen, die informell mitgebracht bzw. an das Studium gerichtet werden.

Während des Studiums[2]

Wohnformen

Knapp die Hälfte der FH/PH-Studierenden (46 %) wohnt bei den Eltern, knapp ein Viertel (23 %) in einer Wohngemeinschaft. Weitere 16 % leben mit Partnerin oder Partner und/oder mit Kindern (9 % sind verheiratet), 10 % allein in einer Wohnung. Das Wohnen bei den Eltern nimmt mit steigendem Alter kontinuierlich ab: 58 % bei den Studierenden bis zum Alter 21, 6 % ab Alter 31 (BFS 2010a, S. 108 ff.).

Leben mit Kindern

7,4 % der FH/PH-Studierenden haben Kinder, wobei es bei den FH/PH-Teilzeitstudierenden 17,4 % sind, was auch mit deren höherem Lebensalter zusammenhängt (BFS 2010a, S. 29 ff.). 55 % der Eltern sind Frauen, 45 % Männer. Während der Zeit, die für das Studium verwendet wird, übernimmt bei 40 % der Befragten die Partnerin oder der Partner die Kinderbetreuung.

Erwerbstätigkeit

2009 waren bei der schweizweiten Befragung 74 % der FH/PH-Studierenden während der letzten zwölf Monate vor der Befragung erwerbstätig, davon 77 % auch während des Semesters. Mit steigendem Alter nimmt nicht nur die Erwerbstätigkeit, sondern vor allem auch ihr Umfang zu. Auf der Bachelorstufe geben 45 % an, ihre Erwerbstätigkeit benötige keine «spezielle Ausbildung».

Die Erwerbstätigenquote und der Umfang der Erwerbstätigkeit variieren nach Fachbereich: Die Quote bewegt sich zwischen 64 % im Fachbereich Technik und IT und 84 % im Fachbereich Soziale Arbeit. Im Ersteren arbeiten 4 % zu mehr als 50 %, im Letzteren aber 27 %.

2 Die folgenden Angaben stammen alle aus der Sozialerhebung des Bundesamtes für Statistik (BFS 2010a). Sie beziehen sich auf das Jahr 2009 und auf Studierende in Bachelor-, Master- und Diplomstudiengängen.

Im berufsbegleitenden Studium hat Erwerbstätigkeit selbstverständlich einen ganz anderen Stellenwert, meist findet sie im vorher erlernten Beruf statt.

Bei den Motiven für die Erwerbstätigkeit wird zwischen ökonomischen, beruflichen (um Erfahrungen zu sammeln, um die Chancen auf dem Arbeitsmarkt zu erhöhen u. a.) und sozialen (bessere soziale Integration u. a.) unterschieden. Im Vordergrund stehen die ökonomischen Motive (BFS 2010a, S. 93). Die Hälfte der Erwerbstätigen bezeichnet Erwerbstätigkeit als «zur Bestreitung meines Lebensunterhaltes unbedingt nötig».

Antworten von Position 4 und 5 (Skala von 1 = trifft überhaupt nicht zu bis 5 = trifft völlig zu) in %	
Damit ich mir etwas mehr leisten kann	65 %
Weil dies zur Bestreitung meines Lebensunterhaltes unbedingt nötig ist	49 %
Um unabhängig von den Eltern zu sein	52 %
Weil ich kein/zu wenig Stipendium/Darlehen erhalte	50 %
Weil ich andere mitfinanziere (Partner, Kinder)	6 %

Tabelle 1 *Motive für die Erwerbstätigkeit: ökonomische Motive. Quelle: BFS 2010a, S. 93*

Zeitbudget

Auf der Bachelorstufe FH/PH verteilen sich die aufgewendeten Stunden in einer typischen Semesterwoche wie folgt (BFS 2010a, S. 99):

- Studium 41 h
- Erwerbstätigkeit 6 h
- Haus- und Familienarbeit 5 h
- Ehrenamtliche Tätigkeit 2 h

Die 41 Stunden für das Studium teilen sich auf in 27 Stunden für den Besuch von Lehrveranstaltungen und 14 Stunden für sonstigen Studienaufwand. Es ist zu betonen: Das ist das Zeitbudget einer «typischen Semesterwoche»; davon unterscheidet sich das Zeitbudget in den Semesterferien bestimmt erheblich, wurde aber nicht erhoben.

Nach diesen Angaben tangiert die Erwerbstätigkeit das Vollzeitstudium nicht erheblich. Es handelt sich jedoch wie andernorts auch um Durchschnittswerte. Wird aber der Zusammenhang zwischen Studium und Erwerbstätigkeit bei unterschiedlichem Grad von Erwerbstätigkeit betrachtet, dann zeigt sich: Je grösser die Erwerbstätigkeit, desto geringer der Aufwand für das Studium, desto grösser aber auch das Gesamtarbeitsvolumen. Mit anderen Worten: Erwerbsarbeit während des Studiums geht sowohl zulasten des Studiums als auch der frei verfügbaren Zeit (BFS 2010a, S. 106).

Schlussbemerkung: Diese kurzen Angaben zu den Studierenden können nicht mehr sein als einige wenige Streiflichter. In der Publikation des Bundesamtes für Statistik werden Beziehungen zwischen den genannten Aspekten diskutiert, ebenso Beziehungen zu Herkunftsvariablen, persönlichen Variablen wie Geschlecht und Alter und Variablen des Studiums (Fachbereich, Studienstufe). Aus der Kombination dieser Variablen liessen sich Profile von unterschiedlichsten Studierendenteilgruppen bilden und einander gegenüberstellen. Mehr noch als bei der Herkunft und den Tätigkeiten vor Studienbeginn machen sie unterschiedliche Bedeutungen und Gewichtungen des Studiums deutlich.

Diskussion und Ausblick

In den letzten zehn Jahren ist die Studierendenzahl in den FH/PH stark gestiegen, nicht zuletzt auch wegen des Aufbaus neuer Fachbereiche wie Gesundheit. Der Frauenanteil nahm zu, nicht nur in diesen neuen (GSK-) Fachbereichen, sondern auch in den TWD-Bereichen. In den Szenarien des Bundesamtes für Statistik (BFS 2010b) wird eine weitere Zunahme des Frauenanteils sowie auch der ausländischen Zulassungsausweise prognostiziert.

Wichtiger scheinen allerdings Veränderungen zu sein, die mit den eingangs dieses Beitrages skizzierten zwei Entwicklungen zusammenhängen. Ihre Auswirkungen auf totalisierende Indikatoren wie z. B. die Berufsmaturquote oder das durchschnittliche Eintrittsalter sind nur schwer abschätzbar. Umgekehrt lassen sich diese Entwicklungen dementsprechend oft nur schwer aus den allgemeinen Indikatoren ablesen.

Die Politik der Bildungsexpansion und der erhöhten Durchlässigkeit ist gewiss eine *Antwort* auf gestiegene Bildungsnachfragen, genauso aber auch deren *Ursache*. Sie formuliert die Erwartung an die Individuen, einen möglichst hohen Bildungsstatus zu erwerben bzw. das eigene Potenzial auszuschöpfen, und sie ermuntert sie dazu, dies nach individuellem Zeitplan zu tun («es ist nie zu spät ...»; «ein Umweg und ein zweiter Versuch lohnen sich ...»). Bildung bzw. der Erwerb von Bildungszertifikaten ist nicht mehr auf eine bestimmte Lebenslaufphase beschränkt, sondern zunehmend Teil des ganzen Lebenslaufs – mit dem Ziel, sich auf einem spezifisch-einzigartigen Weg eine individuelle Kombination von Kompetenzen anzueignen. Weiter ist offensichtlich, dass formale Bildung immer mehr zu einer zwar notwendigen, aber nicht hinreichenden Bedingung für die Erlangung beruflicher Positionen geworden ist. Neben der formalen Bildung spielen non-formale und in-formale Bildungsprozesse eine wachsende Rolle. Darauf reagieren die Studierenden unter anderem mit ihren dem Studium vorgelagerten und parallelen Tätigkeiten und Laufbahnen. Einen wichtigen Aspekt dieser Entwicklung bildet die aktuelle Diskussion des Modells für den Hochschulübertritt. Das bisherige Berechtigungsmodell, nach dem ein Bildungsabschluss ohne Einschränkung zu diesem oder jenem Eintritt in die nächsthöhere Stufe berechtigt, wird zunehmend abgelöst durch ein Modell der freien Aufnahmeberechtigung (Selektionsfreiheit) der nächsthöheren Stufe: Die Hochschulen wollen als Studierende nicht aufnehmen müssen, wer sich bei ihnen mit einem Zulassungsausweis anmeldet, sondern sie nach eigenen Kriterien selektionieren können.[3] Denn sie stehen unter starkem Wettbewerbsdruck und versuchen, sich durch Differenzierungen spezifische Profile zu schaffen. Eine Möglichkeit dazu bilden Studienangebote, die sich an ganz bestimmte Studierende richten, welche dann auch gezielt angeworben und selektioniert werden sollen. Dazu kann die Adressierung einer – gesamtschweizerisch gesehen – Minderheit gehören – für einen technischen Studiengang z. B. von Absolvierenden einer gymnasialen Matur (und allenfalls eines abgebrochenen ETH-Studiums) oder im Gegenteil z. B. von Personen mit einer ausgeprägten praktischen Ausbildung und Laufbahn. Schon jetzt differiert die Zusammensetzung der Studierenden im gleichen Fachbereich, aber in unterschiedlichen Fachhochschulen erheblich – auch was den Zulassungsausweis betrifft. So ist es durchaus denkbar und sogar wahrscheinlich, dass diese Zusammensetzungen sich weiter auseinanderentwickeln. Am Durchschnitt braucht sich deshalb nicht viel zu ändern.

Aus diesen Überlegungen lassen sich zwei Folgerungen ziehen: Die relevanten Veränderungen bei der Diversität der Studierenden in den nächsten

3 Zu erinnern ist hier an die erhebliche Quote von «anderen schweizerischen Ausweisen» unter den Zulassungsausweisen (vgl. Abbildung 2) und an die geplante Reform des Bundesgesetzes über die Förderung der Hochschulen und die Koordination im schweizerischen Hochschulbereich (HFKG), die für den Zugang an die FH nicht mehr zwingend eine Maturität verlangt.

Jahren werden wahrscheinlich auf einer Ebene stattfinden, welche durch aggregierte Bildungsindikatoren (nationale Durchschnittswerte) nur schwer erfassbar ist. Zudem entsteht zunehmend ein neues Verhältnis zwischen Diversität der Studierenden und Selektion. Als Folge des Profilierungsdrucks benutzt und fördert die Selektionspolitik immer mehr die Diversität der Studierenden - was durchaus nicht ausschliesst, dass diese Diversität in der politischen Diskussion als unerwünschte Aufweichung von vorgesehenen Ordnungsmustern qualifiziert wird.

Literatur

Bundesamt für Statistik (2010a). *Studieren unter Bologna. Hauptbericht der Erhebung zur sozialen und wirtschaftlichen Lage der Studierenden an den Schweizer Hochschulen 2009.* Neuenburg: BFS.

Bundesamt für Statistik (2010b). *Bildungsperspektiven. Szenarien 2010–2019 für die Hochschulen.* Neuenburg: BFS.

Bundesamt für Statistik (2010c). *Bildungsabschlüsse 2009. Sekundarstufe II und Tertiärstufe.* Neuenburg: BFS.

Bundesamt für Statistik (2011a). *Maturitäten und Übertritte an Hochschulen 2010.* Neuenburg: BFS.

Bundesamt für Statistik (2011b). *Studierende an den Fachhochschulen 2010/11.* Neuenburg: BFS.

Kiener U., in Zusammenarbeit mit F. Wittmann und R. Bürgin (2010). *Bachelor-Studierende an der ZHAW. Laufbahnen, Selbsteinschätzungen und Pläne von Neu-Studierenden 2008.* Winterthur: ZHAW. Online: www.zhaw.ch/fileadmin/php_includes/popup/hop-detail.php?hop_id=1110669191 [1.7.2012].

Urs Kiener, lic.oec.publ., arbeitet an der ZHAW (Fachstelle Hochschulforschung, Dozent) und als freiberuflicher Sozialwissenschaftler. Arbeitsschwerpunkte: Hochschulen, Bildungslaufbahnen, Bildungspolitik, Forschung.

Anhang

Tabelle (zu Abbildung 1) *Studierende im Diplom-, Bachelor- und Masterstudium an Fachhochschulen und Pädagogischen Hochschulen nach Fachbereich (Anzahl absolut), Frauen- und Ausländer/innen-Anteil, 2010/11*

	Studierende	% Frauen	% Ausländer/innen
Architektur, Bau- und Planung	3382	26	23.1
Technik und IT	9343	7.5	15
Chemie und Life Sciences	2191	40.8	15.7
Land- und Forstwirtschaft	404	38.4	6.9
Wirtschaft und Dienstleistungen	17333	43.1	16.1
Design	2800	58.6	25.1
Sport	121	27.3	5.8
Musik, Theater und andere Künste	5377	55.7	45.6
Angewandte Linguistik	438	83.3	11.9
Soziale Arbeit	6413	76	11.3
Angewandte Psychologie	585	73.8	9.4
Gesundheit	5251	86.2	15.1
Lehrkräfteausbildung	13923	76.5	8.3

Quelle: BFS 2011b, S.16

Porträt: Patrizia Rohner

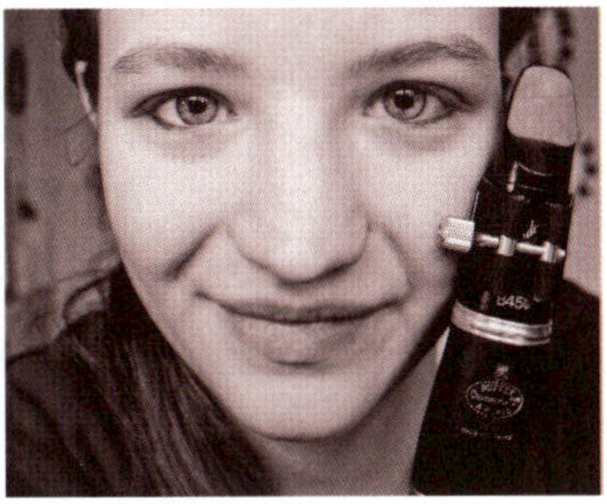

Alter	*19*
Vorbildung	*Sekundarschule, Matura, Schwerpunkt Musik*
Hochschule	*ZHdK*
Studiengang	*Musik: Klarinette*
Semester	*2. Semester Bachelor*

Verfasst von Isabelle Rüedi

Wir alle kennen die ständig wechselnden und sich selten erfüllenden Berufswünsche von Kindern. So wie viele andere wollte Patrizia Rohner schon als kleines Mädchen Musikerin werden. Nur hat sich bei ihr dieser Berufswunsch nie verändert, und sie befindet sich dank ihrem Musikstudium nun auf dem besten Weg, sich ihren Traum zu verwirklichen und professionelle Klarinettistin zu werden. «Ich wollte echt nie etwas anderes machen», sagt sie.

Das Einzige, was nicht nach diesem lang gehegten Plan lief, ist, dass die junge Frau jetzt schon im Bachelor studiert. «Eigentlich wollte ich nach der Kanti zuerst das Vorstudium machen.» Trotzdem ging sie an die Aufnahmeprüfung zum Studium, um sich schon ein Bild zu machen, was sie im kommenden Jahr erwarten würde. Dementsprechend war Patrizia auch nicht optimal vorbereitet. «Das Klarinettenvorspiel war kein Problem, aber in der Theorie war ich grauenhaft.» Und doch: Das Prüfungsresultat reichte, um fürs Studium zugelassen zu werden. Die Studentin erinnert sich: «Ich war überrascht. Damit hatte ich wirklich nicht gerechnet.» Natürlich freute sie sich trotzdem, vor allem, weil sie es an ihre präferierte Hochschule geschafft hatte. Obwohl der 19-Jährigen Luzern eigentlich besser gefällt, wollte sie unbedingt nach Zürich – wegen eines Dozenten. «Nachdem ich von ihm Musikaufnahmen gehört hatte, wollte ich unbedingt bei ihm studieren.»

Täglich übt die junge Musikerin vier bis fünf Stunden auf ihrer Klarinette. Während dies für andere oftmals eine Schwierigkeit darstellt, gibt es ihr einen enormen Antrieb für ihr Studium. «Es ist toll, die Fortschritte zu sehen, welche ich regelmässig mache.» Plötzlich klingt ein Stück, das Patrizia vor zwei Wochen von ihrem Lehrer erhalten hatte und das ihr nur schon durch den Anblick der Noten den Schweiss auf die Stirn trieb, ganz leicht und schön.

Das Üben bietet ihr auch einen guten Ausgleich zu den Theoriestunden. «Ich könnte niemals so viel lernen wie die Studierenden an der ETH, viel lieber übe ich.»

Auch Patrizia wird oft vom typischen Studienstress geplagt. «Wir haben etwa alle vier Wochen ein Vorspiel, das ist echt hart.» Kurz gesagt, heisse das für sie, dass sie häufig innerhalb von drei Wochen ein Stück konzerttauglich beherrschen müsse. Da ist es nicht immer einfach, alles unter einen Hut zu bringen – vor allem, wenn auch noch Theorieprüfungen anstehen. «Seit dem Studium habe ich schon weniger Zeit für mein Privatleben», gibt die 19-Jährige zu.

Trotzdem hält sie weiterhin an ihrem Ziel fest, Musikerin zu werden. Dabei ist sich die junge Frau allerdings bewusst, dass sie sicher auch als Instrumentallehrerin wird arbeiten müssen, obwohl ihre Zukunftsvision eigentlich eine andere ist. «Mein absoluter Traum ist es, später einmal berufsmässig in einem Sinfonieorchester zu spielen.» Patrizia weiss, dass dies ein schwieriges Unterfangen ist, an welchem viele scheitern. Aber sie lässt sich davon nicht verunsichern. «Ich werde einfach mein Bestes geben», lächelt die Klarinettistin.

Isabelle Rüedi studiert an der Universität Zürich Germanistik und Anglistik im Bachelor. Seit 2011 ist sie zudem als studentische Mitarbeiterin am ZHE – Zentrum für Hochschuldidaktik und Erwachsenenbildung der PH Zürich tätig.

Franziska Zellweger
«Das Studium war schon immer anspruchsvoll»

Ein Interview mit Frau Dr. Johanna Margrethe Ammitzböll, Leiterin Beratungsstellen ZHAW

Im vorhergehenden Artikel weist Urs Kiener auf der Basis statistischer Daten auf eine starke Zunahme der Heterogenität der Studierenden an den Fachhochschulen hin. Im folgenden Gespräch mit Frau Ammitzböll wird der Versuch unternommen, den Auswirkungen dieser Entwicklung aus der Sicht der psychologischen Studienberatung auf den Grund zu gehen. Ihre präzisen Schilderungen geben spannende Hinweise – einerseits auf das Erleben einzelner Studierender, andererseits auf die gesellschaftlichen und organisatorischen Veränderungen im Bildungssystem. Eines sei vorweggenommen: In der Einschätzung von Frau Ammitzböll war das Studium schon immer anspruchsvoll. Allerdings liefert sie viele Hinweise auf den veränderten Leistungsdruck als eine zentrale Herausforderung für die Studierenden.

F. Zellweger (FZ): ***Frau Ammitzböll, welche Erfahrungen haben Sie in der Beratung von Studierenden?***

J. Ammitzböll (JA): Ich bin seit dreissig Jahren am Technikum Winterthur (heute ZHAW) tätig. Zuerst war ich Dozentin für Psychologie und Lerntechnik. Im Laufe der Zeit entstand bei den Studierenden das Bedürfnis, auch persönliche Fragen zu besprechen. Daraus entwickelte sich die Beratungsstelle der Schule. Daran beteiligt war ein Team von Dozierenden – ich als externe Psychologin.

FZ: ***Sind Sie heute auch noch in der Lehre tätig?***

JA: Ich bin bis heute im Rahmen eines Wahlfachs im Departement Technik (School of Engineering) in die Lehre involviert; ich hatte also während meiner ganzen Zeit an der heutigen ZHAW einen direkten Bezug zur Lehre und erlebte dadurch die Veränderungen der Schule über einen langen Zeitraum hinweg mit. In meinem Hauptberuf bin ich Psychotherapeutin. An der Fachhochschule bin ich denn auch hauptsächlich als unabhängige Psychologin tätig. Dabei habe ich mich im Laufe der 25 Jahre Beratungstätigkeit auf Lernstörungen und Studienprobleme spezialisiert.

FZ: ***Was sind aus Ihrer Sicht die konstanten Herausforderungen und Probleme der Studierenden, über 25 Jahre hinweg gesehen? Was ist gleich geblieben?***

JA: Gleich geblieben sind all die Studienprobleme. Die Studierenden kommen mit dem Leistungsdruck nicht zurecht. Sie haben Schwierigkeiten, die gesetzten Lernziele zu erreichen. Prüfungsängste hindern sie, in Examenssituationen die erforderliche Leistung zu erbringen. In den Prüfungen erzielen sie dann ungenügende Noten. Gleich geblieben sind auch persönliche Problemstellungen und Kriseninterventionen.

FZ: ***Wann werden Kriseninterventionen nötig?***

JA: Plötzlich auftretende schwierige Lebenssituationen können sie erforderlich machen. Das kann beispielsweise nach dem Ende einer Liebesbeziehung sein. Es kann sich auch um Depressionen oder Angstzustände handeln, die unmittelbar nach persönlichen Belastungssituationen auftreten. Es treten etwa akute Konflikte mit den Eltern auf, denn bei den Studierenden handelt es sich ja um Erwachsene, die vorwiegend aus finanziellen Gründen noch zu Hause wohnen. Dominant sind jedoch Leistungsprobleme – insbesondere während des Assessmentjahres, während dessen der grösste Teil der Selektion erfolgt. Die starke Konzentration der Prüfungen am Ende des Semesters kann bei Studierenden Versagensängste auslösen. Kriseninterventionen können auch bei akuten Problemen während der Ausarbeitung der Bachelorarbeit notwendig sein.

FZ: ***Das letzte Jahrzehnt hat viele Neuerungen gebracht. Was spüren Sie davon in Ihrem Alltag?***

JA: Das Studium war schon zur Zeit des Technikums sehr anspruchsvoll. Die verschiedenen Reformen haben die Anforderungen an die Studierenden nicht einfach erhöht. Zu erwähnen sind aber einige wichtige Veränderungen. Zum einen wurden mit der Umsetzung des Bologna-Prozesses die Prüfungen ans Semesterende verlegt. Diese Verlagerung hat aus der Sicht der psychologischen Beratung die Situation der Studierenden in doppelter Weise verschärft: Zum einen ist der Prüfungsdruck heute deutlich höher, und zum anderen sind die Studierenden erst am Semesterende wirklich mit ihrer eigenen Leistungsfähigkeit konfrontiert.

FZ: ***Was bedeutet diese Entwicklung für Ihre Beratungstätigkeit?***

JA: Heute kommen viele Studierende erst nach den ersten Modulendprüfungen in die Beratung, weil sie sich erst zu diesem Zeitpunkt eingestehen, dass sie den Anforderungen fachlich nicht entsprechen können. Diese Tatsache verschlechtert die Beratungssituation: Sie wird viel häufiger zur Krisenintervention.

FZ: ***Welche weiteren Veränderungen sind erfolgt?***

JA: Zum Zweiten wurde im Zuge der Angleichung des Technikums an ein Hochschulstudium die Semesterwochenzahl deutlich verringert (von 19 auf 14 Wochen), ohne dass der Stoffumfang in den einzelnen Fächern wesentlich reduziert wurde. Weil im heutigen System die Module mit dem Ende des Semesters in der Regel abgeschlossen werden, fällt auch die unterrichtsfreie Zeit zwischen den Semestern als Lernzeit weg. Diese Konzentration des Lernprozesses auf eine deutlich geringere Zeitspanne führt für die Studierenden zu einem stärkeren Leistungsdruck. Nicht alle sind ihm gewachsen.

Und als Drittes führt die Verlegung der Prüfungen ans Semesterende sowie ein höheres Mass an Selbststudium dazu, dass für den Erfolg der Studierenden auch ein stärkeres Selbst- und Zeitmanagement massgeblich wird. Viele Studierende sind nur unzureichend oder überhaupt nicht auf diese Lernsituation vorbereitet. Deshalb kommen sie in Schwierigkeiten. In der Beratung können diese Probleme gut bearbeitet werden – vorausgesetzt, dass die Studierenden frühzeitig in die Beratung kommen.

FZ: ***Sie sprachen bisher in erster Linie vom Assessementjahr. Wie nehmen Sie die Situation im weiteren Studienverlauf wahr?***

JA: Diese Verschärfung der Studiensituation gilt hauptsächlich für das erste Studienjahr. Im zweiten und dritten Studienjahr kann gegenüber der Vor-Bologna-Zeit von einer Erleichterung gesprochen werden, da hier nicht mehr jedes Semester bestanden werden muss, sondern eine bestimmte Anzahl Module. Module können bis zu einem gewissen Grade wiederholt bzw. durch andere ersetzt werden.

Eine Anmerkung sei hier noch angefügt: Es gibt ein Phänomen, das sich zu den dargelegten Punkten eher gegenläufig verhält. Ich stelle fest, dass im Vergleich zu früher mehr Studierende das Gefühl haben, dass sie neben dem Studium noch arbeiten können bzw. müssen. Das hängt zweifellos mit unzureichenden Fördermassnahmen für Studierende, aber auch mit einem neuen

Selbstverständnis der jungen Erwachsenen zusammen. Jedenfalls führt diese Haltung zu Problemen, die die Studierenden dazu veranlassen, die Beratung in Anspruch zu nehmen. Die Studierenden unterschätzen den psychischen und zeitlichen Aufwand für das Studium. Sie merken dann erst nach der Hälfte des Semesters, dass sie unter Druck geraten und die Stoffmenge nicht bewältigen können.

FZ: ***Sie haben als Studienberaterin ursprünglich am Technikum Winterthur begonnen, also in einem traditionellen Fachhochschulbereich. Haben Sie inzwischen auch Berührungspunkte mit den neuen Fachhochschulbereichen?***

JA: Beim Übergang zur Fachhochschule sind sowohl durch Fusionen als auch durch die Akademisierung von Berufsgattungen neue Bereiche zur ZHAW hinzugekommen. In der Beratungsstelle der ZHAW bin ich auch für diese zuständig. So habe ich neu u. a. Kontakte mit Studierenden aus den Studiengängen Wirtschaft, Übersetzen, Journalismus und Organisationskommunikation, Life Sciences und Facility Management sowie Gesundheit.

FZ: ***Stellen Sie grosse Unterschiede etwa zwischen Studierenden aus den Ingenieurwissenschaften und dem Gesundheitsbereich fest?***

JA: Ein wesentlicher Unterschied zwischen den Studierenden dieser beiden Departemente besteht in der Tatsache, dass der Anteil derjenigen Studierenden, die über eine gymnasiale Maturität verfügen, im Bereich Gesundheit deutlich höher ist. Das gilt etwa auch für den Studiengang Journalismus und Organisationskommunikation. In diesen beiden Studiengängen kommt noch dazu, dass der Zugang zum Studium über eine Eintrittsprüfung führt. In den Bereichen Ingenieurwissenschaften und Wirtschaft verstehen viele Studierende das Studium als eine zusätzliche Ausbildung bzw. eine Weiterbildung. Ein allfälliges Scheitern wird tendenziell nicht als Katastrophe betrachtet, weil man ja bereits über eine Ausbildung verfügt. Für Studierende mit einer gymnasialen Matur erscheint ein Scheitern verheerend zu sein, weil man dann ohne Berufsausbildung dasteht.

FZ: ***Stehen in der Beratung dadurch andere Fragestellungen im Zentrum?***

JA: Bei Studierenden mit gymnasialer Matur stellt sich zuweilen nach einigen Wochen des Studiums die Frage, ob der eingeschlagene Weg der richtige sei oder ob nicht ein Wechsel des Studienfachs bzw. -orts sinnvoll wäre. Hier wird die Beratung tendenziell zur Berufsberatung. Die Beratungstätigkeit in den neuen Studienrichtungen wird auch dadurch verändert, dass bei diesen – im Unterschied zu denjenigen, die eine Lehre voraussetzen – längere Praktika zum Ausbildungsgang gehören. Der Praxistransfer stellt die Studierenden vor ganz neue Herausforderungen, die ebenfalls Anlass sein können, die Beratung aufzusuchen.

FZ: ***Sie haben eingangs geschildert, dass die Herausforderungen für die Studierenden über die Zeit recht konstant geblieben sind, etwa der Umgang mit Stress, Leistungsdruck oder die Lebenssituation junger Erwachsener. Beobachten Sie auch gesellschaftliche Entwicklungen?***

JA: Diese Frage ist schwierig zu beantworten. Es kann wohl schon behauptet werden, dass bestimmte gesellschaftliche Entwicklungen, so etwa der Trend zur Globalisierung, die geringere Sicherheit im Job, die hohe Mobilität oder die technische Spezialisierung, zur Folge haben, dass heute ein Lehrabschluss, z. B. im KV-Bereich, als Karrierestart nicht mehr ausreicht. Insbesondere dort, wo das Karrierebewusstsein oder der Wunsch, einmal international tätig zu werden, stärker ausgeprägt ist, scheint ein Bachelor- oder ein Masterabschluss notwendig. Falls bei den Studierenden tatsächlich ein Bewusstsein über diese Zusammenhänge vorhanden ist, steigt der Druck, im Studium erfolgreich zu sein. Zuweilen kommt dieser Druck vonseiten der Eltern. Das beobachte ich vor allem bei Studierenden mit einem Migrationshintergrund. Das grosse Ziel der Eltern ist es, dass ihre Kinder es dank einer höheren Ausbildung einmal besser haben werden, als sie es hatten. Diese Erwartungshaltung wirkt sich bewusst und unbewusst auf die Studierenden aus.

FZ: ***Gelegentlich hört man, Studierende verstünden sich zunehmend als Kundinnen und Kunden. Spüren Sie dies in Ihrer Beratungspraxis?***

JA: Ich höre das von einzelnen Dozierenden. Im konkreten Kontakt mit den ratsuchenden Studierenden erlebe ich dies aber nicht so. Das hat wohl damit zu tun, dass diejenigen Studierenden, die die Beratung aufsuchen, zum einen wissen, dass bei ihnen eine Schwäche vorliegt, und zum anderen gerade selbst etwas dazu beitragen wollen, um die anstehenden Probleme zu bewältigen. Studierende mit einer ausgesprochenen Kundenhaltung fordern vor allem, dass die Dozierenden ihnen zu einem erfolgreichen Studium verhelfen. Von Erwartungen, dass die Dozierenden ihren Unterricht auch didaktisch angemessen gestalten sollen, höre ich in der Beratung auch. Doch schon vor dreissig Jahren waren Studierende mit der Unterrichtsweise gewisser Dozierender unzufrieden. Das war immer schon ein Thema.

FZ: ***Sie begleiten Studierende seit Jahren in schwierigen Situationen. Welche Empfehlungen möchten Sie vor diesem Hintergrund Dozierenden mit auf den Weg geben?***

JA: Im Departement Technik habe ich immer eine humanistische Tradition erlebt – in dem Sinne, dass es sowohl der Leitung als auch den Dozierenden ein Anliegen war, dass möglichst viele Studierende, die das Studium begonnen hatten, dieses auch bestehen sollten. Nicht auf dem Weg, dass keine Leistung von ihnen verlangt wurde, sondern indem die anstehenden Probleme gelöst wurden und die individuelle Situation der Studierenden berücksichtigt wurde. Das führte zu einer sehr guten Zusammenarbeit der Departementsleitung und vieler Dozierender mit der Beratungsstelle. Ich wünsche mir, dass diese Haltung an vielen Hochschulen gepflegt wird.

Porträt: Benjamin Spenger

Alter	*23*
Vorbildung	*Lehre als Chemielaborant, Berufsmittelschule*
Hochschule	*ZHAW*
Studiengang	*Chemie*
Semester	*2. Semester Master*

Verfasst von Isabelle Rüedi

«Für diejenigen Jobs, die ich machen möchte, muss man einfach Chemiker sein.» Die eingeschränkte Berufsperspektive als Chemielaborant war einer der Hauptgründe für Benjamin Spenger, nach seiner Ausbildung noch ein Studium zu beginnen. Da er neben seiner Lehre bereits die BMS absolviert hatte, erfolgte sein Wechsel an die Fachhochschule nahtlos. «Es war mir wichtig, im Lerntrott zu bleiben», meint der 23-Jährige.

Als Benjamin damals seine Berufslehre beendet hatte, frustrierten ihn einerseits das tiefe Lohnniveau, andererseits sein beschränktes Wissen über die Materie. «Ich möchte verstehen, was ich mache», sagt er. Ausserdem wollte er die Freiheit haben, nicht nur nach Anweisungen eines Vorgesetzten zu arbeiten, sondern auch mal selbst etwas auszuprobieren. «Für eine Lehrmeisterausbildung fühlte ich mich damals einfach noch zu jung», erklärt der Student. Die Fachhochschule war deshalb naheliegend, zumal ihm ein universitärer Studiengang zu spezialisiert war. Auch die Wahl des Faches Chemie erfolgte aus demselben Hintergrund. «Für einen Moment habe ich überlegt, Lebensmittelwissenschaften zu studieren, aber mit Chemie stehen mir später mehr Möglichkeiten offen.»

Mit diesem Ziel vor Augen und seinem enormen Interesse an der Materie begeistert sich Benjamin immer wieder von Neuem für sein Studium. Als Analytiker ist für ihn die praktische Anwendung seines Wissens der absolute Höhepunkt. «Ich freue mich unheimlich, wenn eine Analyse genau funktioniert und brauchbare Resultate entstehen», lächelt der junge Mann. Ausserdem gefalle es ihm, dass es an seiner Hochschule so viele Gleichgesinnte gebe. Das Studium abzubrechen, sei somit für ihn nie infrage gekommen. «Wenn ich etwas angefangen habe, dann ziehe ich es auch durch.»

Trotz allem steht der angehende Chemiker seinem Studium durchaus kritisch gegenüber. Manchmal fehle es den Dozierenden an Fachwissen, was allerdings ein Problem vieler Schulen sei. «Und irgendwie kann ich es auch verstehen, es ist praktisch unmöglich, alles zu wissen», relativiert er die Situation. Was Benjamin allerdings öfter frustriert, ist das Bologna-System. Das plangerechte «Reindrücken» des Stoffes stehe unglücklicherweise oftmals über dem Lerneffekt. «Weil so viel auswendig gelernt werden muss, bietet sich leider selten die Gelegenheit, ein spannendes Thema zu vertiefen», sagt der Student.

Was nach seinem Abschluss kommt, weiss Benjamin noch nicht genau. Momentan konzentriert er sich auf seine Masterarbeit. «Es würde mich freuen, wenn sie andere zum Denken anregt», meint er. Trotzdem kann sich der Ostschweizer nicht vorstellen, eine akademische Laufbahn einzuschlagen. Für ihn steht nach dem Studium das praktische Arbeiten im Vordergrund. «Ich möchte mich gerne wieder auf die Analytik konzentrieren.» Im Idealfall könne er Berufserfahrung in verschiedenen Betrieben sammeln, damit sein Lohnniveau noch mehr steigt. Auf eines freut sich Benjamin nämlich ganz besonders nach seinem Masterabschluss: «Dann verdiene ich endlich genug eigenes Geld», sagt er lachend.

Franziska Zellweger, Tobias Zimmermann

Gute Fachhochschullehre aus Sicht von Studierenden

Einführung von Andreas Henrici

Im Artikel von Franziska Zellweger und Tobias Zimmermann werden Merkmale guter Fachhochschullehre aus Sicht von Lernenden verschiedener Fachrichtungen diskutiert. Die Rede ist unter anderem vom Wunsch der Studierenden nach einer «Begegnung auf Augenhöhe», von unnötigem Stoffdruck und von «simpleren» Veranstaltungsdesigns.

Als Mathematikdozent an einer Ingenieurschule frage ich mich, inwiefern die im Artikel vorgestellten Erwartungen der Studierenden an guten Unterricht auf meinen Kontext übertragbar sind. Mathematik-Grundlagenveranstaltungen für Ingenieurinnen und Ingenieure zeichnen sich durch einen Kanon an klar definierten Inhalten und Konzepten aus, die zu vermitteln sind. Für mich hat die Mathematik dabei meist einen «Service»-Charakter mit dem Ziel, die Studierenden in die Lage zu versetzen, die mathematische Sprache der Beschreibung von Prozessen in der Natur (und anderen Bereichen) und deren technische Umsetzung zu verstehen.

Im Text ist mir als Erstes die Forderung nach einem «Dialog auf Augenhöhe» aufgefallen, den sich die befragten Studierenden wünschen. Ich bin mir nicht sicher, ob meine Studierenden die Forderung so teilen würden; ihnen scheint primär eine gut verständliche Erklärung der zu vermittelnden Konzepte wichtig. Inwiefern ist es angesichts des erheblichen Wissensvorsprungs des Dozierenden überhaupt möglich, sich auf Augenhöhe zu begegnen? Der Wunsch nach einem Dialog auf Augenhöhe erinnert aber mit Sicherheit daran, wie wichtig es ist, an die Erfahrungswelt der Studierenden anzuknüpfen. In meinem Fall kann dies etwa erfolgen, indem ich durch Beispiele aus dem Ingenieuralltag die nötige Motivation schaffe, sich mit dem für die meisten Studierenden völlig neuen Abstraktionsgrad auseinanderzusetzen.

Ein weiterer im Artikel aufgezeigter Wunsch der Studierenden ist derjenige nach einer «adäquaten Stoffmenge». Hier erlebe ich nur wenig Spielraum, da die zu präsentierenden Inhalte weitgehend curricular vorgegeben sind; dennoch können die einzelnen Dozierenden individuelle Schwerpunkte setzen. Der Gefahr der Überfrachtung versuche ich zu entgehen, indem ich die Kommunikation immer wieder vom Klassenverband auf die «bilaterale» Ebene verlagere, um so auf die unterschiedlichen Reaktionen und das unterschiedliche Vorwissen der Studierenden adäquat eingehen zu können.

Der Beitrag zeigt wichtige Anliegen von Studierenden aus diversen Fachrichtungen auf. Weil die Studierenden, die darin zu Wort kommen, aus anderen Fachbereichen stammen, regt mich der Text an, den Dialog mit den eigenen Studierenden zu intensivieren.

Andreas Henrici, Dr. sc. nat., ist seit 2011 Dozent für Mathematik an der ZHAW School of Engineering. Zuvor war er als Projektmitarbeiter bei der Neuronics AG, als Assistent an der Universität Zürich, als SNF-Stipendiat an der New York University und als Lehrbeauftragter an der HSLU Technik & Architektur tätig.

Einleitung

Zwei Motive bewogen uns dazu, den Studierenden an Fachhochschulen Fragen zu stellen – Fragen nach ihren Vorstellungen über gute Lehre, nach ihren Highlights im Studium und auch nach dem, was ihnen das Lernen erschwert:

- Einmal sind wir als Hochschuldidaktiker in regem Kontakt mit Dozierenden und Studiengangsleitenden. Um sie kompetent zu begleiten, benötigen wir auch Einblicke in den Lernalltag der Studierenden, auf deren Lernen die Tätigkeit der Lehrenden – unserer «Kunden» – und damit letztendlich auch unser eigenes Wirken ausgerichtet sind.
- Zudem hat uns unsere eigene universitäre Laufbahn in mehrfacher Weise aufgezeigt, wie wertvoll die Integration von Studierenden ist, sei es im Rahmen der eigenen Tutorentätigkeit, in Zusammenarbeit mit studentischen Mitarbeitenden in Projekten der Hochschulentwicklung oder in vielen gehaltvollen Feedbackrunden zu Lehrveranstaltungen (vgl. z. B. Meier & Zellweger 2007; Zimmermann, Hurtado, Berther & Winter 2008).

Wir gehen von der Hypothese aus, dass Studierende auch zur Weiterentwicklung der Schweizer Fachhochschullehre einen wertvollen Beitrag leisten können. Dass hier Studierende noch stärker als bisher üblich involviert werden könnten, macht auch von Matt in seinem Bologna-Report deutlich (von Matt 2010, S. 86): «Die Bologna-Reform wurde [von den Schweizer Fachhochschulen] ohne systematischen Einbezug der Studierenden umgesetzt. Die Fachhochschulen haben die Chance verpasst, sie in diese Reform, die sie in einem hohen Mass betrifft, einzubeziehen, von ihnen auch zu lernen und das Verhältnis von Lehre – Studium – Lernen mit den entsprechenden Akteuren auszudiskutieren und auszuhandeln.»

Auch aus diesem Grund hat das ZHE – Zentrum für Hochschuldidaktik und Erwachsenenbildung einen studentischen Beirat gegründet, der aus Studierenden der unterschiedlichen Teilschulen der Zürcher Fachhochschule besteht. Mit diesen Studierenden haben wir am ersten Beiratstreffen über ihre Vorstellungen von guter Lehre gesprochen, und von dieser Diskussion möchten wir an dieser Stelle berichten. Dabei leiten uns die folgenden Ziele:

- Wir möchten einerseits exemplarisch herausarbeiten, welche Vorstellungen von guter Lehre ausgewählte Studierende an Fachhochschulen haben und wie sie diese begründen. Auch Unterschiede und Gemeinsamkeiten in den Ansichten von Studierenden unterschiedlicher Fachrichtungen interessieren uns. Ganz besonders möchten wir dabei die Erwartungen an die Dozierenden und Mitstudierenden sowie ihre Beziehung im Lerngeschehen in den Blick nehmen.
- Andererseits möchten wir auch aufzeigen, welches Potenzial in einem solchen Austausch liegt – für Dozierende, Studiengangsleitende und ganze (Fach-)Hochschulen.

Zum Kontext unserer Diskussion mit Studierenden

Im Folgenden erläutern wir den Kontext der untersuchten Diskussion und zeigen auf, mit welchem Verfahren wir sie analysierten, um unseren oben formulierten Fragen nach den Vorstellungen der Studierenden von guter Lehre auf den Grund zu gehen.

Das ZHE hat Anfang 2011 einen studentischen Beirat gegründet. Dessen Ziel besteht darin, die eigenen hochschuldidaktischen Aktivitäten mit einer studentischen Resonanzgruppe diskutieren und überprüfen zu können. Der studentische Beirat trifft sich einmal pro Semester unter unserer Leitung und besteht aus Studierenden aller Teilschulen der Zürcher Fachhochschule.

Am ersten Treffen des Beirats im Mai 2011, das knapp zwei Stunden dauerte, nahmen fünf Studierende teil. Es handelte sich mit einer Ausnahme um aktuelle oder angehende Vertretende aus Studierendenorganisationen. Es nahmen zwei Frauen und drei Männer teil, Studierende aus den Studiengängen Physiotherapie, Ausbildung zur Sekundarlehrperson, Soziale Arbeit, Vermittlung von Kunst und Design sowie Scientific Visualization. Nicht vertreten waren die Bereiche Wirtschaft und Technik, die in der Fachhochschullandschaft in Bezug auf die Studierendenzahlen von erheblicher Bedeutung sind.

Im Vorfeld der Diskussion haben wir die Studierenden dazu aufgefordert, sich auf der Website «Zündende Ideen» (siehe unten) mit einem Lehrpreis ausgezeichnete Beispiele von Lehre anzusehen und ein Beispiel auszuwählen, das ihnen besonders gefiel.

In der von uns moderierten Diskussion präsentierten die Studierenden dann die von ihnen gewählten Beispiele und erklärten, weshalb sie diese ausgesucht hatten. Dabei diskutierten sie untereinander über die Qualitätskriterien, die ihren Einschätzungen zugrunde lagen. Wir hielten diese Kriterien auf Notizzetteln fest, die wir an eine Pinnwand hefteten. Die Diskussion über gute Lehre dauerte ca. 45 Minuten.

An einem Folgetreffen wurden Rückmeldungen zu einer ersten Verschriftlichung der Diskussion entgegengenommen und ausgewählte Aspekte nochmals thematisiert.

Die Beispielplattform «Zündende Ideen»

Das ZHE präsentiert auf der Website «Zündende Ideen» (www.zuendende-ideen.phzh.ch) Beispiele für gute Lehre, vor allem aus Fachhochschulen und Pädagogischen Hochschulen. Die Dozierenden, deren Lehre auf der Website vorgestellt wird, wurden mit einem Lehrpreis[1] ausgezeichnet.

Die Website verfolgt dabei einen «Best-Practice»-Ansatz: Im Zentrum der «Zündenden Ideen» steht nicht die Bildung einer Rangliste der «besten» Dozierenden, sondern die Darstellung von Beispielen ausgezeichneter Lehre im Sinne einer vielfältigen Beispielsammlung. Damit soll neuen und etablierten Dozierenden abwechslungsreiches Anschauungsmaterial geboten werden, in dem sie sich nach Ideen umschauen können, wie sich Lehre gestalten lässt.

Zwei der auf der Website präsentierten und in der Diskussion genannten Beispiele sind auf den folgenden Seiten in farbig hinterlegten Textboxen dargestellt.

1 In den meisten Fällen handelt es sich dabei um den Credit Suisse Award for Best Teaching; einige Hochschulen zeichnen bei dessen Vergabe auch die zweit- und drittplatzierten Dozierenden aus.

Theoretische Vorbemerkungen

Unsere Analyse der Diskussion im studentischen Beirat erfolgt vor dem Hintergrund einiger theoretischer Bezugspunkte, die wir im Folgenden darlegen.

Die Frage nach guter Lehre kann aus verschiedenen Blickwinkeln und in verschiedene Richtungen gestellt werden. Man kann aus der Perspektive von Studierenden, von Dozierenden, von Institutionen oder der Gesellschaft fragen, was gute Lehre ausmacht; und man kann entweder Prozessmerkmale der Lehre in den Blick nehmen (Methoden, Kommunikation usw.) oder eher die Resultate, also das, was die Studierenden am Ende an Kompetenzen erworben haben.

Zündende Ideen für Ihre Lehre, Beispiel 1: Arenamoderation

Der Unterricht von Stefan Unholz[2] zeichnet sich aus durch einen starken Einbezug der Studierenden; er selbst spricht von «Arenamoderation» – er doziere nicht, sondern sei eigentlich eher ein Moderator.

In seinem kommunikativ orientierten Unterricht versucht er, möglichst viele Studierende aktiv in den Unterricht einzubeziehen. So steigt er oft mit konkreten rechtlichen Fällen aus seiner Tätigkeit als Anwalt ein oder fragt Studierende nach eigenen Erfahrungen mit juristischen Fragen. Wichtig ist ihm, dass die Studierenden nicht nur mit ihm, sondern auch untereinander über die behandelten fachlichen Fragen diskutieren.

Unterrichtsbeschreibung im Internet:
Der Unterricht von Stefan Unholz wird beschrieben in Form eines «TalkTäglich»-Interviews mit Hugo Bigi, in dem der Preisträger Auskunft über seinen Unterricht gibt. Gegen Ende des Interviews rufen auch Studierende von Stefan Unholz an, machen Aussagen zu seinem Unterricht und stellen ihm Fragen.

Weblink: hochschuldidaktik.phzh.ch/arenamoderation

In der Didaktik als Wissenschaft vom Lehren und Lernen wird seit Langem zu beschreiben versucht, welche Merkmale gute Lehre unabhängig vom konkreten Kontext auszeichnen. Dies ist ein zweistufiges Vorgehen: In einem ersten

2 Lic. iur. RA Stefan Unholz gewann 2008 den Credit Suisse Best Teaching Award an der Hochschule für Wirtschaft Zürich (HWZ).

Schritt ist dazu eine Vorstellung davon nötig, welche Ziele gute Lehre erreichen soll. Erst in einem zweiten Schritt können dann die konkreten Merkmale identifiziert werden, die eine solche Lehre bzw. ihren Erfolg ausmachen. Entsprechend unterscheiden sich die Kriterien guter Lehre in verschiedenen Kulturen, Epochen oder Ideologien. Wenn wir im Folgenden Kriterien und Kategorien für die Analyse der Diskussion über gute Fachhochschullehre verwenden, so geschieht auch dies nicht völlig «objektiv», sondern vor einem normativen Hintergrund, den wir in der Folge kurz darlegen möchten.

Lehre beruht für uns nicht nur auf der Gestaltung von Lehr-Lern-Situationen durch Dozierende. Vielmehr gehen wir von einer Vorstellung aus, welche die Wechselseitigkeit der Interaktion von Lehrenden und Lernenden stark betont. Entsprechende Ansätze modellieren Unterricht bzw. Lehre als «Austausch unter Menschen mit ungleichen Rollen und ungleichen Voraussetzungen über eine Sache» (Ruf, Hofer, Keller & Winter 2008, S. 132; vgl. auch Zimmermann & Ruf 2011). Das Lernen erscheint in diesem Zusammenhang als Funktion von Angebot und Nutzung – optimale Lernergebnisse sind dann zu erwarten, wenn ein bestmögliches Angebot von den Lernenden maximal genutzt wird (vgl. Fend 1998, S. 321).

Eine entscheidende Folgerung aus diesem Verständnis besteht darin, dass das beste Lehrangebot (was immer darunter verstanden wird) kaum Wirkung entfalten kann, wenn es die Lernenden nicht nutzen können oder wollen. Das gilt zunächst einmal für einzelne Lehrveranstaltungen: Ob etwa in einer Vorlesung präsentierte Inhalte aufgenommen werden, hängt nicht nur von der Qualität der Präsentation ab, sondern auch davon, wie intensiv die Studierenden das Präsentierte aufnehmen und weiterverarbeiten. Diese Nutzung des Angebots durch die Studierenden ist aber nicht einfach nur durch die individuelle Motivation oder Aufmerksamkeit gesteuert; vielmehr ist es eben auch eine Qualität von Lehre und von Dozierenden, eine möglichst intensive Nutzung des informativen Angebots durch Studierende zu ermöglichen. Gerade auch dort, wo Selbstlernumgebungen geschaffen werden, ist es unabdingbar, möglichst gut zu verstehen, inwiefern und warum die Studierenden ein Lernangebot wie nutzen oder eben auch nicht. Aber auch auf der übergeordneten Ebene eines Curriculums werden Rahmenbedingungen geschaffen, welche der Nutzung des Lehrangebots durch die Studierenden mehr oder weniger Rechnung tragen.

**Zündende Ideen für Ihre Lehre, Beispiel 2:
Vorbereiten statt Nachbereiten – mit Podcasts**

Der Unterricht von Edi Schäfer[3] richtet sich nach der Maxime «Vorbereiten statt Nachbereiten»: Die Studierenden sollen sich bereits vor den Lehrveranstaltungen mit der jeweiligen Thematik auseinandersetzen.

Bei der Umsetzung dieser Maxime arbeitet Edi Schäfer mit Podcasts, die die Studierenden auf einer offen zugänglichen Website anhören können. Die Podcasts verfolgen das Ziel, die Studierenden nicht nur auf der fachlichen Ebene, sondern auch emotional anzusprechen. Sie sind deshalb oft kreativ, provokativ und mit einer Prise Humor gestaltet.

Unterrichtsbeschreibung im Internet:
Ein kurzes PDF-Dokument beschreibt den durch Podcasts vorbereiteten Unterricht von Edi Schäfer und enthält verschiedene Links auf Podcast-Beispiele.

Weblink: hochschuldidaktik.phzh.ch/vorbereitung-mit-podcasts

Mit unserer Diskussionsanalyse möchten wir einerseits das Potenzial für die Qualitätsentwicklung von Lehren und Lernen an Fachhochschulen aufzeigen, das der Austausch mit Studierenden über Merkmale guter Lehre in sich birgt: Er schafft eine Verständigung darüber, wie ein möglichst optimales Lehrangebot in Form eines möglichst intensiven Lernens genutzt wird.

Andererseits möchten wir konkret erkunden, welche Aspekte für Studierende an Fachhochschulen gute Lehre ausmachen: Welche Methoden, welches Verhalten von Dozierenden, welche Art von Interaktionsgestaltung ermöglichen den Studierenden in ihren Augen, gut und sinnvoll zu lernen?

Analyse der Diskussion

Die Diskussion wurde aufgezeichnet, transkribiert und in zwei Phasen entlang den Grundsätzen der qualitativen Datenanalyse (vgl. Miles & Hubermann 1994; Flick, von Kardorff & Steinke 2000) analysiert. Mit einem systematischen Vorgehen aus zwei Richtungen – *bottom up* und *top down* – geht es uns darum, unsere eigene subjektive Perspektive zu «kontrollieren». Uns ist bewusst, dass

3 Edi Schäfer belegte 2009 bei der Vergabe des Credit Suisse Best Teaching Award an der PH Zürich den dritten Platz.

dabei nur wenig Datenmaterial aus einer einzigen Diskussion zur Verfügung steht und somit kaum systematische Generalisierungen möglich sind.

Bottom-up-Analyse: Wir wählten unabhängig voneinander drei Stellen der Diskussion aus, die wir für besonders interessant hielten, die uns überraschten oder irritierten. Diese wurden im Sinne einer Mikroanalyse (Strauss & Corbin 1990, S. 56 ff.) genauer betrachtet mit dem Ziel, für uns unerwartete, überraschende Aussagen und Ansichten der Studierenden induktiv herauszuarbeiten. Gerade weil im hochschuldidaktischen Diskurs schon so viel über gute Lehre gesagt wurde, war es uns wichtig, die Analyse «bottom up» zu beginnen, um «die Daten sprechen zu lassen» und nicht die eigenen Vorstellungen in die Diskussion hineinzuinterpretieren. Durch die bewusste Konfrontation der Daten mit den eigenen Annahmen sollte dies verhindert werden.

Top-down-Analyse: Ausgehend von in der Literatur bekannten Kriterien guter Lehre, wurden die Daten in einem zweiten Schritt «top down» codiert (Miles & Hubermann 1994, S. 58). Dabei haben wir uns an die Kategorien angelehnt, die Rindermann (1999 und 2009) im Rahmen einer offenen schriftlichen Befragung von Studierenden und Lehrenden entwickelte. Er eruierte dabei sowohl Merkmale guter Dozierender als auch Merkmale guter Lehre. Für Rindermanns Kategorisierung als Instrument der Top-down-Analyse haben wir uns nicht nur entschieden, weil sie ebenfalls aus Befragungen von Studierenden entstanden ist. Zentral war für uns auch, dass sie die Interaktion von Studierenden mit Dozierenden im Zentrum eines erfolgreichen Lehr-Lern-Geschehens sieht, was zum oben erwähnten Angebots-Nutzungs-Modell passt.

Die von den Studierenden in der Diskussion gemachten Aussagen zu den einzelnen Kriterien betrachteten wir genauer und arbeiteten heraus, auf welche Aspekte die Studierenden das Gewicht legten und welche Zusammenhänge sie betonten. In den folgenden zwei Kapiteln werden die Resultate der beiden Analyseschritte dargestellt.

Überraschende Vorstellungen von guter Lehre

In der Bottom-up-Analyse haben wir unabhängig voneinander besonders interessante Stellen herausgearbeitet. Drei davon werden im Folgenden ausführlicher dargestellt. Die folgende erste Passage wurde von uns beiden gewählt:

Student A: *Ich finde, einen wichtigen Satz im Interview sagt er: «Ich gehe rein und habe etwas gelernt.» Und das ist wirklich die Haltung, die er vertritt. Er kommt her und geht davon aus, dass er mitlernt.* (Zeile 188) [4]

Diese Äusserung steht für uns exemplarisch dafür, wie sehr sich die Studierenden einen Austausch auf Augenhöhe wünschen: Es ist ihnen offensichtlich sehr wichtig zu betonen, dass man sie als ernst zu nehmende Partner behandelt.

Anlass zum obigen Zitat gab die Selbstverständlichkeit eines Dozierenden, mit der dieser davon ausgeht, dass er in seiner Veranstaltung etwas mitlernt. Damit vermittelt er den Studierenden das Gefühl, dass auch er von ihnen lernen kann und dass er sich auf die Auseinandersetzung mit ihnen freut.

Überraschend war für uns in der gesamten Diskussion die Vehemenz, mit der alle Diskussionsteilnehmenden den Anspruch der Begegnung auf Augenhöhe formulierten. Von einem oft vermuteten Nützlichkeitsdenken im Sinne von «wie komme ich am einfachsten/schnellsten zum Studienabschluss» ist in solchen Momenten nichts zu spüren. Vorsichtshalber ist hierzu freilich anzumerken, dass solche Idealvorstellungen nicht unbedingt mit dem tatsächlichen Handeln in konkreten Situationen korrespondieren müssen.

Auch das zweite Beispiel stellt den Dozierenden in den Mittelpunkt:

> Studentin B: *Was mir eigentlich sympathisch ist: (...) Es ist simpel. Es ist irgendwie das, worauf es ankommt – man hat den Dozent da, er unterrichtet, aber man spricht darüber, man kann Fragen stellen, und er stellt Fragen. Denn ich habe auch erlebt, dass es zu viel hat, DA hat es eine Homepage, DA etwas, hundert Sachen, hundert Blätter, und der Dozent steht da, und du hast nichts von dem. Also ich finde, es geht ja immer noch um die Person, die doziert.* (Zeile 122)

Wir waren anfangs kritisch, dass die Studierenden dieses Beispiel einer Veranstaltung mit einem eloquenten Dozenten so herausstrichen. Lehrpreisen wird bisweilen auch vorgeworfen, eine Art Beliebtheitswettbewerb zu sein. So hat uns die Erklärung der Studentin überrascht, wobei sie zu anderen Stellen in der Diskussion passt, in denen «simpel» für gut befunden wird. Dabei verstehen wir «simpel» im Sinne von «ohne Ablenkung, hin zum Essenziellen» : Die Interaktion mit den Dozierenden, das Fragenstellen, das Herausfordern, das Sich-Reiben-und-Messen scheinen für die Studierenden wichtig.

4 Interessant ist dabei, dass der von Student A zitierte Satz so vom betreffenden Lehrpreisträger nicht geäussert wird; er vermittelt diese Haltung aber implizit bis zu einem gewissen Grad.

Die Forderung nach didaktischer Reduktion steht in der dritten Diskussionspassage im Zentrum:

> Student A: *Allgemein didaktische Reduktion. Nicht mit der Menge lernt man, sondern mit der Substanz.*
>
> Studentin B: *Einfach mit der Zeit. Ich habe häufig erlebt, dass ein Dozent sagt: «Wir haben so wenig Zeit, und eigentlich würde ich so gerne…» Und das bricht es irgendwie schon. Wir können auch nichts dafür, dass wir nur eine Woche haben. Aber ich habe auch oft erlebt, dass wir in einer Woche extrem viel gemacht haben. Also irgendwie darf die Zeit nicht immer das Thema sein: Lieber komprimiert und weniger, aber genutzt. (…) Wir sind Menschen und keine Maschinen, und irgendwann ist ein Limit da. Und das ist einfach das Problem. Egal, wie viel Stoff, irgendwann ist diese Limite einfach überschritten. Und dann ist es einfach nicht mehr produktiv, es macht keinen Sinn, oder?* (Zeile 255–311)

Für uns bringt Studentin B hier auf überraschend vehemente Weise das Bedürfnis zur Sprache, dass sie die Dinge, die sie lernt, wirklich verstehen möchte. Mit ihrer Skizze von «sinnlosem Lernen», um es mit einer Verdrehung des Begriffes von Ausubel[5] zu sagen, zeigt sie, dass sie mit dem Ziel studiert, Dinge zu *ver*stehen (und weniger, um das Studium zu *be*stehen; wobei auch hier die Möglichkeit einer Divergenz von Idealvorstellungen und tatsächlichem Handeln zu bedenken ist).

Zusammengefasst, wünschen sich die Studierenden einen Austausch «auf Augenhöhe», bei dem auch die Dozierenden davon ausgehen, etwas lernen zu können, und sie möchten, dass die Lehre auf einfache Weise anhand ausgewählter, exemplarischer Inhalte erfolgt, die sinnvolles Lernen ermöglichen. Überraschend war für uns an diesen Aussagen einerseits, dass wenig von kurzfristigem Nützlichkeitsdenken zu spüren ist und keine ausgeprägten Forderungen nach praktischer Nützlichkeit der Lehre oder des Gelernten gestellt werden. Andererseits erstaunte uns, wie sehr die Studierenden die Qualität der Interaktion betonten, wie wichtig ihnen ist, von den Dozierenden als ernst zu nehmende Partner behandelt zu werden.

5 Ausubel (1974, S. 39) definiert den von ihm geprägten Begriff des «sinnvollen Lernens» folgendermassen: «Es ist das Wesentliche eines sinnvollen Lernprozesses, dass symbolisch ausgedrückte Vorstellungen zufallsfrei und inhaltlich (nicht wortwörtlich) bezogen werden auf das, was der Lernende bereits weiss, nämlich auf einige bestehende relevante Aspekte seiner Wissensstruktur.»

Gewichtung von Merkmalen guter Lehre

Den eher subjektiven Eindrücken des vorangehenden Kapitels stellen wir im Folgenden die Erkenntnisse aus einer Top-down-Analyse gegenüber.

Die Codierung der Diskussion ergab drei Cluster von Kriterien (vgl. Tabelle 1). Über ein erstes Cluster wurde nicht oder kaum gesprochen, über ein zweites gelegentlich und über ein drittes häufig.

Nicht oder wenig genannte Kriterien	Gelegentlich genannte Kriterien	Häufig genannte Kriterien
▸ Fachkompetenz (0 Nennungen) ▸ äussere zeitliche Gegebenheiten (1) ▸ äussere räumliche Gegebenheiten (0) ▸ sprachlich-rhetorische Aspekte (2)	▸ Material und Medien (5 Nennungen) ▸ Struktur (6) ▸ Beiträge und Engagement des Dozierenden (5) ▸ Anforderungen an die Studierenden (7) ▸ Studentische Fähigkeiten und Beiträge (5)	▸ Themenbehandlung (17 Nennungen) ▸ Didaktische Kompetenzen (9) ▸ Interaktion und Motivierung (12) ▸ Persönlichkeit (10)

Tabelle 1 *Kriteriencluster nach Häufigkeit der Nennungen*

Geringe Nennung von fachlicher Kompetenz und Infrastruktur

Kein Thema war die *Fachkompetenz* der Dozierenden (keine Nennung). Diese scheint entweder stillschweigend vorausgesetzt oder wenig infrage gestellt zu werden. Auf unsere Nachfrage am folgenden Beiratstreffen betonten die Studierenden, dass sie Fachkompetenz bei den Dozierenden genauso erwarten wie didaktische Fähigkeiten.

Auch *äussere zeitliche* (1 Nennung) und *räumliche Gegebenheiten* (keine Nennung) standen nicht im Fokus der Diskussion.

Sprachlich-rhetorische Aspekte (2 Nennungen) wurden erwähnt, weil ein Beispiel vom Dozenten selbst gesprochene Podcasts zur Vorbereitung der Veranstaltungen beinhaltete; sie waren aber im Übrigen kein Thema.

Gelegentliche Nennung von Medien, Struktur, Anforderungen und Engagement

Fünf- bis siebenmal wurden Textpassagen mit den folgenden Codes versehen: Anforderungen, Struktur, Material und Medien, studentische Fähigkeiten und Beiträge und Engagement des Dozierenden.

Material und Medien wurden insgesamt fünfmal thematisiert, wobei drei Nennungen in Zusammenhang mit der Diskussion über eines der von den Studierenden ausgewählten Beispiele für gute Lehre stehen, in welchem Podcasts zur Veranstaltung über die Homepage des Dozierenden angeboten werden. Den Studierenden gefiel die Übersichtlichkeit und Homogenität dieser Homepage, die von einem Studenten als angenehmer Kontrast zu den teilweise unübersichtlichen Kursen auf den offiziellen Lernplattformen der Hochschulen gelobt wurde. Wichtig sind den Studierenden beim Umgang mit Materialien und Medien auch eine klare Struktur und die Beschränkung auf Wesentliches, wie die oben in der Bottom-up-Analyse zitierte Aussage bezüglich Einfachheit guter Lehre zeigt.

Struktur: Dieser Aspekt wurde in der Diskussion sechsmal angesprochen, wobei vier der Nennungen mit dem Beispiel in Zusammenhang standen, in dem die Studierenden sich anhand von Podcasts auf die Präsenzsitzungen vorbereiten. Hier fanden die Studierenden einerseits das vom Dozenten vertretene Strukturierungsprinzip «Vorbereiten statt Nachbereiten» sinnvoll, und andererseits lobten sie, wie soeben bei der Kategorie «Material und Medien» erwähnt, die übersichtliche Homepage. Die weiteren beiden Nennungen stammen von Studentin C, die am von ihr ausgesuchten Beispiel lobt, dass der Dozent in jeder Sitzung *«einen Kerngedanken hat, auf dem er aufbaut»* (Zeile 204) und an dem die Tätigkeiten von Dozent und Studierenden jeweils ausgerichtet sind.

Beiträge und Engagement des Dozierenden: Diese Kategorie haben wir an fünf Stellen der Diskussion ausgemacht. Dabei betonen die Studierenden an vier dieser Stellen, dass es ihnen Eindruck gemacht habe, wie engagiert die Dozierenden in den ausgewählten Beispielen sind und dass sie ein solches Engagement für ein zentrales Element guter Lehre hielten. In der fünften Passage beschreibt Studentin B die allgemeine Wirkung, welche begeisterte Dozierende auf sie haben: *«Auch die Begeisterung, die jemand für sein Fach hat: (...)*

du kannst nichts mit Mathe anfangen, aber du hast jemanden nebenan, der so begeistert davon ist, dass du auch Lust bekommst, ein wenig reinzuschauen» (Zeile 184).

Anforderungen an die Studierenden werden insgesamt siebenmal erwähnt, wobei viermal der Aspekt des «Stoffdrucks» angesprochen wird. Hier ging es den Studierenden darum, dass sie – unabhängig von allenfalls überladenen Curricula – die Verantwortung bei den Dozierenden sehen, eine realistische Stoffmenge auszuwählen. Dazu gehören für die Studierenden auch übersichtliche Unterlagen und Materialien sowie eine klare Struktur, wie bereits anhand der Passage zur Einfachheit in der Bottom-up-Analyse gezeigt wurde. An zwei weiteren Stellen betonte Studentin C, dass Leistungsnachweise sinnvolle und realistische Anforderungen stellen sollten, wobei auch auf Eigenverantwortung der Studierenden zu setzen sei.

Studentische Fähigkeiten und Beiträge: Diese Kategorie trat an fünf Stellen der Diskussion auf, wobei es in allen Fällen nicht um die Fähigkeiten ging, sondern um die Frage der Beteiligung der Studierenden an der Lehre. Die Diskussionsteilnehmenden waren sich einig, dass gute Lehre die Studierenden zur Beteiligung bewegt und dass eine breite Beteiligung der Studierenden ein Zeichen für gute Lehre sei.

Häufige Nennung von Themenbehandlung, didaktischen Kompetenzen, Interaktion und Persönlichkeit der Dozierenden

Im Folgenden werden die vier am häufigsten codierten Themen ausführlicher diskutiert:

Themenbehandlung (17 Nennungen): Die Beispiele guter Lehre, die sich die Studierenden zur Diskussion aussuchten, zeichnen sich dadurch aus, dass die methodisch-didaktische Gestaltung ausgesprochen gut zu den jeweiligen Inhalten passte (Medienpädagogik unter sinnvoller Nutzung neuer Medien; Recht in einem diskursiven Arenasetting; Sprachdidaktik unter kommunikativer Aushandlung). Dies thematisierten die Studierenden im Rahmen der Diskussion auch mehrfach:

Student A: *Also gibt es wirklich Fächer, in denen es geht, und in anderen nicht. Und darum behaupte ich, wenn er ein Rechtsanwalt ist, dann lebt er davon, zu diskutieren. (...) Und darum gibt es Berufe, in denen es geht, oder Fächer, in denen es gar nicht geht.*

Student D: *Das war beim ersten Beispiel auch schon so: Wenn es um ein Fach geht, wo es auch Sinn macht [die anderen Studierenden geben Signale der Zustimmung]. Ein anderer Lehrer [sic!] in einem anderen Bereich hätte diesen Preis gar nicht erhalten, weil es gar keinen Sinn gemacht hätte.* (Zeilen 154–162)

Als zentrales Problem nannten die Studierenden die Passung von zur Verfügung stehender Zeit und einer adäquaten Stoffmenge bzw. geeigneten Lernzielen. So beurteilten sie eine Veranstaltung als herausragend, weil es in ihr gelang, Inhalte auf zentrale Kerngedanken auszurichten und die Lehre hoch praxisrelevant zu gestalten. Effizienz wurde dagegen als Stichwort verworfen, denn, so Student A: *«Nicht mit der Menge lernt man, sondern mit der Substanz»* (Zeile 255).

Relativ viel Diskussionszeit wurde auf die Frage verwendet, inwiefern Dozierende selbstbestimmt eine Stoffmenge «didaktisch reduzieren» können. Es ging dabei wesentlich darum, ob die einzelnen Dozierenden für den Stoffdruck (mit)verantwortlich seien oder ob sie curriculare Vorgaben im Studiengang zu erfüllen hätten und damit das Curriculum schuld am Stoffdruck sei (anhand dieser Diskussion zeigte sich, dass Konflikte in der Dozierendenschaft über die Gewichtung gewisser Themen bisweilen bis zu den Studierenden durchdringen). In der Tendenz waren die Studierenden der Ansicht, dass es die Aufgabe der Dozierenden sei, unrealistische curriculare Vorgaben so zu reduzieren, dass eine sinnvolle Themenbearbeitung möglich wird.

Didaktische Kompetenzen (9 Nennungen): Es fiel in der Codierung schwer, die Kategorie «Themenbehandlung» von der didaktischen Kompetenz zu trennen. Den Grund dafür sehen wir einerseits im engen Didaktikbegriff, welcher der Beschreibung von Rindermann zugrunde liegt und der sich primär auf die methodische Ausgestaltung von Lehre beschränkt. In der Praxis lässt sich hingegen die Auswahl und Aufbereitung von Themen wenig klar von methodischen Fragen trennen, vielmehr fallen sie, gerade im Bereich der Fachdidaktik, teilweise zusammen.[6] Eine zweite Ursache für die schlechte Trennbarkeit

6 Die bildungstheoretische Didaktik nach Klafki (1959) sieht sogar die Auswahl von zentralen Bildungsinhalten als Gegenstände von Unterricht bzw. Lehre als Hauptaufgabe der Didaktik (vgl. Kron 1994, S. 126).

dieser Kategorien könnte zudem darin begründet sein, dass es den Studierenden schwerfällt, in ihrem Blick auf Lehre zwischen der Person der Dozierenden, deren didaktischen Methoden und den fachlichen Inhalten der Veranstaltung zu trennen.

Im Zusammenhang mit der Kategorie «didaktische Kompetenzen» zeigt sich, dass die Studierenden dem Kontext der jeweiligen Lehrsituation recht viel Beachtung schenken. Denn sobald in der Diskussion gewisse methodische Settings als besonders wertvoll bezeichnet werden, räumen die Studierenden, wie oben gezeigt, sogleich auch ein, dass nicht jedes Thema auf diese Art und Weise behandelt werden könne bzw. solle.

Auffällig ist jedoch die Forderung, «simpler» zu werden, die einhergeht mit der unter «Themenbehandlung» erwähnten Ablehnung des Effizienzgedankens und mit der Aussage, es komme nicht auf die Menge, sondern auf die Substanz, also die Relevanz und die Beispielhaftigkeit der behandelten Inhalte an. Dazu passt auch der oben im Rahmen der Bottom-up-Analyse zitierte Wunsch, Lehre solle «simpel» sein.

Interaktion und Motivierung/Interaktion mit Dozent oder unter Studierenden (12 Nennungen): Mit diesem Code wurden Textstellen identifiziert, welche den Zusammenhang zwischen der aktiven Einbindung der Studierenden in die Lehre und der aus ihr resultierenden motivierenden Wirkung betonen.

Die Diskussion zeigt, dass es den Studierenden hier um mehr geht als um die Intensität der Interaktion, wie sie Rindermann (1999/2009) fasst – vielmehr sprechen die Studierenden die Haltung an, mit welcher Dozierende ihnen begegnen, und damit die Frage, welches Grundverständnis von Lehren und Lernen sie dadurch zum Ausdruck bringen. Dies wird in der Aussage deutlich, in der ein Student auf die Aussage einer Studentin reagiert, dass Beteiligung motivationsfördernd sei:

> Student E: *Ich finde, Beteiligung klingt immer so ein wenig wie «ich hab was und lasse dich daran teilhaben». Also er lässt die Studenten daran mitmachen. Aber (...) ich würde das nicht so sehen. Es ist so, dass alle in einem Boot sitzen und etwas lernen. Es ist ein gemeinsamer Prozess. Und das ist nicht «beteiligen», sondern auf Augenhöhe. Das ist das, was er* [der ausgezeichnete Dozent] *auch sagt; dass man zusammenkommt und alle voneinander lernen, also gemeinsam Themen erarbeiten.* (Zeile 118)

Hierzu passt auch die in der Bottom-up-Analyse zitierte Passage, in der hervorgehoben wird, dass der ausgezeichnete Dozent davon ausgeht, dass er mitlerne. In der Diskussion wird damit als zentrales Anliegen deutlich, dass die

Studierenden ernst genommen werden möchten. Um diesen Aspekt geht es auch in der letzten Kategorie.

Persönlichkeit (10 Nennungen): Die Frage der Persönlichkeit überlagert sich in den Aussagen der Studierenden stark mit Fragen der Interaktionsgestaltung und der Motivierung. Zentrale Stichworte, welche die Studierenden in diesem Zusammenhang nannten, sind Glaubwürdigkeit und Authentizität; auch die Frage einer adäquaten und transparenten Rollengestaltung fällt für die Studierenden teilweise unter diesen Aspekt: Ist der Dozent Arenamoderator wie im einen Beispiel, oder hat er die Rolle eines Begleiters, der punktuell Inputs gibt? Je nachdem fällt auch den Studierenden eine andere Rolle zu, und je transparenter die Beziehung und die Rollenerwartungen gestaltet sind, desto klarer sind auch die Handlungsspielräume:

> Studentin C: *Nicht so eine Vorlesungssituation, sondern eher eine Unterrichtssituation. Es passt für ihn auch besser, habe ich das Gefühl – es ist eben wieder sehr authentisch. (…) Und er stellt sich auch nicht so in den Mittelpunkt, wie wir das gesagt haben bei der Arena. Sondern er hat mehr so ein wenig eine zusammenarbeitende Rolle, er gibt immer wieder Inputs und lässt dann die Studierenden diskutieren, arbeiten, Übungen machen.* (Zeile 204)

Wichtig ist den Studierenden auch, dass die Dozierenden die Lehre auf eine Weise gestalten, die persönlich zu ihnen passt – auch das meinen sie mit Authentizität. Dies zeigt sich bereits im obigen Zitat, aber auch in Aussagen wie *«aber wenn man etwas machen muss, was man eigentlich nicht ist (…) – wir als Studierende merken das ja auch»* (Zeile 091), oder dass es wichtig sei, *«dass er* [der Dozent] *sich selber sein kann»* (Zeile 184).

Reflexionsfragen

Zusammenfassend möchten wir einige Fragen an Dozierende formulieren, welche sich aus den durch die Studierenden formulierten Erwartungen an gute Lehre ergeben:

- Begegne ich den Studierenden auf Augenhöhe? Inwiefern lerne ich von ihnen? Nehme ich ihre eigenen Lernziele, ihre Fragen und Diskussionsbeiträge ernst?
- Bin ich authentisch? Wähle ich Inhalte, die mir am Herzen liegen, und Methoden, die zu mir passen? Vermeide ich unnötige Kompromisse?

- Stehen die «Stoffmenge» und die verfügbare Zeit in einem guten Verhältnis? Wäre weniger mehr? Nutze ich meinen Handlungsspielraum, um bezüglich der Inhaltsauswahl optimale Lernvoraussetzungen zu schaffen?
- Wie hoch ist der Orientierungsaufwand für die Studierenden, um die Organisation meines Unterrichts zu durchdringen? Sind Arbeitsaufträge und der Stellenwert von Lernmaterialien klar? Wäre es auch möglich, dasselbe mit einer «simpleren» Struktur zu erreichen?

Die Beziehung von Studierenden und Dozierenden: Ein professionelles Rollenverständnis

Zum Abschluss greifen wir die Beziehungsgestaltung zwischen Studierenden und Dozierenden als wichtiges Thema heraus. Dieses Themenfeld erwies sich einerseits in der untersuchten Diskussion als besonders zentral, andererseits lässt es sich auch gut mit den Erkenntnissen aus dem Beitrag von Jenert und Fust (in diesem Band) in Zusammenhang bringen. Es scheint uns wichtig zu fragen, was ein produktives Rollenverständnis für das Lehren und Lernen an Fachhochschulen ausmacht – auf der Seite der Lehrenden, aber auch der Lernenden.

Rolle der Dozierenden

Bezüglich der Rolle der Lehrenden impliziert etwa der in jüngerer Zeit viel beschworene «Shift from Teaching to Learning» (Barr & Tagg 1995; Welbers und Gaus 2005; für eine kurze Übersicht vgl. Bachmann 2011) ein sich wandelndes Dozierendenbild – weg von der Belehrung hin zur Begleitung von Lernenden. Dieser Paradigmenwechsel steht in der momentanen fachlichen Diskussion stark im Vordergrund. Dies sollte nicht davon ablenken, dass die grundsätzliche Komplexität der Dozierendentätigkeit eine differenziertere Betrachtung erfordert.

So beschreibt Thomann (2008, 2011) die Dozierendentätigkeit als vielfältiges Rollenbündel (u.a. Fachexperte, Beraterin, Begleiter, Beurteilerin). Je nach Situation steht beispielsweise stärker das Lehren oder das Begleiten im Vordergrund. Diese Funktionen sollten dabei nicht gegeneinander ausgespielt werden. Es sind jedoch verschiedene Interrollenkonflikte auszumachen, die als Spannungsfelder im Lehrkontext auszuhalten sind; so schafft das Begleiten tendenziell Nähe, das Beurteilen hingegen Distanz.

Wenn Studierende einen Dialog auf Augenhöhe einfordern, dann sind Dozierende in der Rolle als Fachexpertin oder -experte gefordert, ihr Fachwissen und ihre eigene Perspektive einzubringen und diese auf geeignete Weise zur Diskussion zu stellen. Sie begleiten Studierende, indem sie sich auf deren Gedankengänge einlassen und ihre Meinung dazu äussern. Sie schlüpfen zum Schluss für die Studierenden nachvollziehbar von der Begleitenden- in die Beurteilendenrolle und nehmen nach im Voraus transparent gemachten Kriterien eine abschliessende summative Beurteilung vor.

Solche Spannungen zeugen gemäss Thomann (2011, S. 31) von Lebendigkeit und Dynamik, wobei es eine anspruchsvolle Aufgabe bleibt, die Balance zwischen Lern- und Lehraktivität immer wieder von Neuem herzustellen. Für die Bewältigung dieser Herausforderung erachtet Thomann auf der Seite der Dozierenden die folgenden Tätigkeiten als zentral: «Das alltägliche Rollenmanagement, das Aushalten von Widersprüchlichkeiten zwischen differierenden Rollenvorgaben, das Transparentmachen von Rollenwechseln, das Steuern des eigenen Verhaltens in Dimensionen und die Reflexion durch immer wieder notwendige Standortbestimmungen» (ebd.).

Die oben vorgenommene Diskussionsanalyse zeigt unseres Erachtens, dass die Verständigung mit Studierenden über die Gestaltung von Lehre Dozierenden wertvolle Anregungen für solche Reflexionen über das eigene Rollenverständnis geben kann. Aus der Diskussion mit den Studierenden lassen sich hierzu abermals Reflexionsfragen für Dozierende ableiten:

- Nehme ich meine Rolle als Fachexpertin oder -experte wahr bei der Auswahl geeigneter Lerninhalte (auch im Sinne einer adäquaten Stoffmenge)?
- Trete ich in meiner Begleitungsfunktion in einen Dialog mit den Studierenden und lasse mich auf ihre individuellen Denkprozesse ein?
- Schaffe ich in meinem Unterricht vor dem Hintergrund der späteren Beurteilungsfunktion unnötige Distanz?
- Vollziehe ich den Rollenwechsel von der Begleitung hin zur Beurteilung transparent und nachvollziehbar, indem ich beispielsweise die Beurteilungskriterien im Voraus klar formuliere?

Rolle der Studierenden

Konsequent gedacht, bedürfen aber auch die Studierenden eines reflektierten Rollenverständnisses. Reinmann & Jenert (2011, vgl. auch Jenert & Fust in diesem Band) stellen dazu ein Vokabular zur Verfügung, indem sie vier Metaphern unterscheiden, anhand deren die Rollen von Studierenden interpretiert werden können (vgl. Abbildung 1).

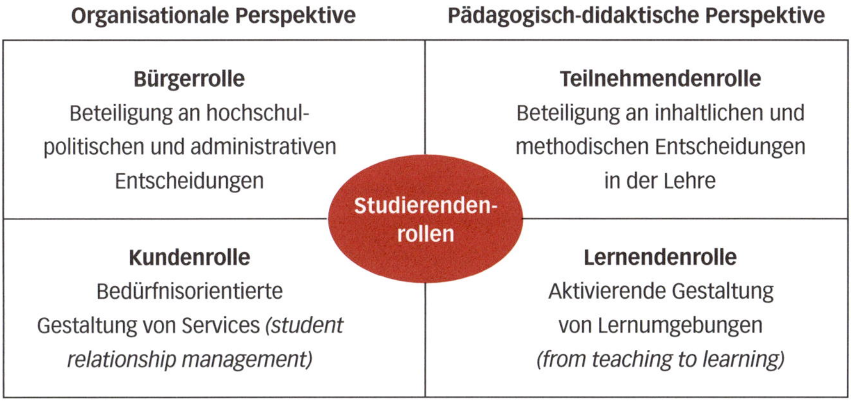

Abbildung 1 *Verschiedene Rollen Studierender aus organisationaler und pädagogisch-didaktischer Perspektive (angelehnt an Reinmann & Jenert 2011, S. 111)*

Gemäss diesen Autoren kann keine der vier von ihnen erläuterten Metaphern für sich in Anspruch nehmen, das Verhältnis von Studierenden und Hochschulen «besser» zu veranschaulichen als die übrigen. Vielmehr seien Studierende immer zugleich Lernende, Teilnehmende, Bürger *und* Kunden. Es macht jedoch einen Unterschied, ob Studierende im Rahmen einer konkreten Situation in einer organisationalen Rolle (z. B. als Interessenvertretende) agieren oder in der pädagogisch-didaktischen Perspektive als Lernende ein Lernziel verfolgen. Spannungsfelder entstehen, wenn die organisationale Logik auf didaktische Situationen angewandt wird, beispielsweise wenn Studierende als Lernende Kundenansprüche erheben. Solche Mechanismen könnten gewinnbringend mit Studierenden zu Beginn einer längeren Lehr-Lern-Interaktion diskutiert werden, was eine explizite gegenseitige Erwartungsklärung herbeiführen könnte.

In unserer Analyse konnten wir feststellen, dass die Studierenden in ihren Aussagen stark von der Lernendenmetapher ausgehen. Sie stellen die Dozierenden und deren Rolle als Fachexpertin oder -experte ins Zentrum der Lehre und formulieren die Erwartung, in enger Auseinandersetzung mit den Dozierenden und/oder mit ihren Mitstudierenden wertvolle Lernerfahrungen zu sammeln. Dagegen nehmen sie wenig Bezug auf Fragen der Beteiligung an inhaltlichen und methodischen Entscheidungen in der Lehre, wie sie die Teilnehmendenmetapher impliziert. Auf Nachfrage am Folgetreffen wurde ein Selbstverständnis als Kunden grundsätzlich negiert. Es wurde jedoch die Frage aufgeworfen, was Studierende etwa hinsichtlich Verfügbarkeit von Lernmaterialien erwarten dürfen. Die Bürgermetapher, welche die Studierenden ähnlich den Bürgern in einer Demokratie als wesentliche und deshalb an wichtigen Entscheidungen zu beteiligende Anspruchsgruppe der Hochschule versteht, wurde in der von uns untersuchten Diskussion teilweise spürbar, was auch daran liegen mag, dass alle Diskussionsteilnehmenden studentenpolitisch aktiv sind.

Wir sind der Ansicht, dass eine breitere Einbindung von Studierenden in Diskussionen über die Gestaltung von Lehre und über deren Qualitätsentwicklung auch zu einem differenzierteren Verständnis der Studierenden bezüglich der verschiedenen Rollen, die sie im Rahmen ihres Studiums einnehmen, führen könnte.

Schlussbemerkung: Chancen im Austausch mit Studierenden

Unsere Analyse zeigt, dass die Studierenden ernst zu nehmende Diskussionspartnerinnen und -partner sein können, die sich differenziert mit Fragen von guter Lehre auseinandersetzen. Dies steht im Einklang mit anderen Studien zur Einschätzung des Studiums durch Studierende (vgl. Berthold, Kessler, Kreft & Leichsenring 2011), auch wenn unsere Untersuchung aus den eingangs dargelegten Gründen keinen Anspruch auf Repräsentativität erheben kann.

Spannend finden wir, dass sich ein grosser gemeinsamer Nenner unter den Studierenden zeigte: In den Grundzügen scheinen die Erwartungen an gute Fachhochschullehre vergleichbar, wenn auch die konkrete Umsetzung in den einzelnen fachlichen Kontexten unterschiedlich aussieht. Es waren kaum Verständnisschwierigkeiten der Studierenden untereinander oder kontroverse Diskussionspassagen auszumachen.

Der Dialog zwischen Dozierenden, Studiengangsleitenden und weiteren an der Lehre Beteiligten mit Studierenden kann also nicht nur helfen, das Verhältnis von Angebot und Nutzung in einzelnen Veranstaltungen zu verbessern. Darüber hinaus trägt er dazu bei, dass das Studienangebot der Hochschulen insgesamt breiter, von mehr Studierenden, und intensiver, durch motivierte, über ein reflektiertes Rollenverständnis verfügende Studierende, genutzt wird.

Literatur

Ausubel, D.P. (1974). *Psychologie des Unterrichts.* Übers. C. Tansella-Zimmermann. 2 Bde. Weinheim: Beltz.

Bachmann, H. (2011). Hochschullehre neu definiert - shift from teaching to learning. In: H. Bachmann (Hrsg.), *Kompetenzorientierte Hochschullehre. Die Notwendigkeit von Kohärenz zwischen Lernzielen, Prüfungsformen und Lehr-Lern-Methoden.* (S.12–28). Bern: hep verlag.

Barr, R.B. & Tagg, J. (1995). From Teaching to Learning - A New Paradigm for Undergraduate Education. *Change,* 27 (6), pp.13–25. Online: http://ilte.ius.edu/pdf/BarrTagg.pdf (1.7.2012).

Berthold, C., Kessler, M.S., Kreft, A.-K. & Leichsenring, H. (2011). *Schwarzer Peter mit zwei Unbekannten. Ein empirischer Vergleich der unterschiedlichen Perspektiven von Studierenden und Lehrenden auf das Studium.* Arbeitspapier Nr. 141. Gütersloh: Centrum für Hochschulentwicklung. Online: www.che.de/downloads/CHE_AP141__Doppelbefragung.pdf (1.7.2012).

Fend, H. (1998). *Qualität im Bildungswesen. Schulforschung zu Systembedingungen, Schulprofilen und Lehrerleistung.* Weinheim, München: Juventa.

Flick, U., von Kardorff, E. & Steinke, I. (Hrsg.) (2000). *Qualitative Forschung. Ein Handbuch.* Reinbek bei Hamburg: Rowohlt.

Klafki, W. (1959). *Das pädagogische Problem des Elementaren und die Theorie der kategorialen Bildung.* Weinheim: Beltz.

Kron, F.W. (1994). *Grundwissen Didaktik.* 2., verbesserte Aufl. München, Basel: E. Reinhardt.

Meier, C. & Zellweger, F. (2007). Mediengestütztes Selbststudium - Hochschulentwicklung mit und für Studierende. In: M. Merkt, K. Mayrberger, R. Schulmeister, A. Sommer & I. van den Berk (Hrsg.), *Studieren neu erfinden - Hochschulen neu denken* (S.105–115). Münster: Waxmann.

Miles, M.B. & Huberman, A.M. (1994). *Qualitative Data Analysis: An Expanded Sourcebook* (2nd ed.). Thousand Oaks CA, London: Sage.

Reinmann, G. & Jenert, T. (2011). Studierendenorientierung: Wege und Irrwege eines Begriffs mit vielen Facetten. *Zeitschrift für Hochschulentwicklung* 6 (2), S.106–122.

Rindermann, H. (1999). Was zeichnet gute Lehre aus? Ergebnisse einer offenen Befragung von Studierenden und Lehrenden. *Zeitschrift für Hochschuldidaktik*, 23 (1), S. 136–156.

Rindermann, H. (2009). *Lehrevaluation. Einführung und Überblick zu Forschung und Praxis der Lehrveranstaltungsevaluation an Hochschulen mit einem Beitrag zur Evaluation computerbasierten Unterrichts* (Vol. 42). Landau: Verlag Empirische Pädagogik.

Ruf, U., Hofer, R., Keller, S. & Winter, F. (2008): Didaktik und Unterricht. In: H. Faulstich-Wieland & P. Faulstich (Hrsg.), *Erziehungswissenschaft. Ein Grundkurs* (S. 130–156). Reinbek bei Hamburg: Rowohlt.

Strauss, A. L. & Corbin, J. (1990). *Basics of Qualitative Research: Grounded Theory Procedures and Techniques.* Thousand Oaks CA: Sage.

Thomann, G. (2008). *Ausbildung der Ausbildenden. Exemplarische Materialien aus sieben Kompetenzbereichen zur Vor- und Nachbearbeitung von komplexen Praxissituationen.* Bern: hep.

Thomann, G. (2011). Grundlagen der Beratung für die Hochschullehre. In: G. Thomann, M. Honegger & P. Suter (Hrsg.), *Zwischen Beraten und Dozieren. Praxis, Reflexion und Anregungen für die Hochschullehre.* (S. 12–32). Bern: hep verlag.

Von Matt, H.-K. (2010). *Bologna-Report Fachhochschulen 2010. Stand der Umsetzung der Bologna-Reform an den Fachhochschulen.* Luzern.

Welbers, U. & Gaus, O. (Hrsg.) (2005). *The Shift from Teaching to Learning. Konstruktionsbedingungen eines Ideals.* Festschrift zum 60. Geburtstag von Johannes Wildt. Bielefeld: Bertelsmann.

Zimmermann, T., Hurtado, D., Berther, M. & Winter, F. (2008). Dialog mit 200 Studierenden – geht das? Blended Learning in einer Vorlesung mit hoher Teilnehmerzahl. *Das Hochschulwesen,* 56 (6), S. 179–185. Online: www.zora.uzh.ch/11297/ (1.7.2012).

Zimmermann, T. & Ruf, U. (2011). Passung von Angebot und Nutzung in akademischen Grossveranstaltungen: Lernen durch Online-Diskussionen im Rahmen von Vorlesungen. In: G. Gien & H. Böttger (Hrsg.), *Exzellente universitäre Lehre. Aspekte einer innovativen Hochschuldidaktik* (S. 250–264). Bad Heilbrunn: Klinkhardt Verlag.

Franziska Zellweger, Dr. oec. HSG, dipl. Handelslehrerin
Dozentin am ZHE – Zentrum für Hochschuldidaktik und Erwachsenenbildung, PH Zürich. Arbeitsschwerpunkte: Hochschuldidaktik, Hochschulentwicklung, Curriculumentwicklung

Tobias Zimmermann, lic. phil.
Germanist, Didaktiker und Historiker; wissenschaftlicher Mitarbeiter am ZHE – Zentrum für Hochschuldidaktik und Erwachsenenbildung, PH Zürich. Arbeitsschwerpunkte: Hochschuldidaktik, E-Learning, Schreibforschung und Schreibdidaktik, Leistungsnachweise.

Porträt: Edin Fazlić

Alter	*21*
Vorbildung	*Sekundarschule, Matura, Schwerpunkt Spanisch*
Hochschule	*ZHAW*
Studiengang	*Physiotherapie*
Semester	*2. Semester Bachelor*

Verfasst von Isabelle Rüedi

«Eigentlich wollte ich ja Zahnarzt werden», erklärt Edin Fazlić mit einem verlegenen Lächeln. Physiotherapie war dabei nur Plan B, falls es mit dem Eignungstest fürs Medizinstudium nicht klappen sollte. Und obwohl er von seinen Studienplänen vollkommen überzeugt war, wurde Plan B irgendwie zu Plan A. Dem jungen Mann ist anzusehen, dass er über diese Entwicklung im Nachhinein mehr als glücklich ist.

Der Planwechsel begann mit dem Nicht-Bestehen des Eignungstests. Im sowieso geplanten Zwischenjahr nach der Kantonsschule kam Edin dann zum ersten Mal persönlich in Kontakt mit Physiotherapie, da er sich einer Operation am Knie und anschliessender Rehabilitation unterziehen musste. Hinzu kam, dass ihn ein Kollege überredete, an den Infotag zum Physiotherapiestudium mitzukommen. «Da geriet ich plötzlich ins Schwanken», erklärt der junge Mann. Sein Interesse an der Physiotherapie sei, verglichen mit der Zahnmedizin, immer grösser geworden. «Da beschäftigt man sich mit dem gesamten Körper des Menschen, nicht nur mit dem Mund.» Ein Praktikum im Bereich Physiotherapie verstärkte diesen Eindruck so sehr, dass sich Edin gar nicht mehr auf den medizinischen Eignungstest vorbereitete, durchfiel und sein Studium in Physiotherapie begann. «Spätestens nach den ersten Wochen wusste ich dann, dass ich mich richtig entschieden hatte.»

Am besten gefällt dem 21-Jährigen an seinem Studium, dass es vollkommen seinen Interessen entspricht. «Es gibt nur selten ein Fach, welches mir nicht gefällt.» Ausserdem biete sich bereits jetzt die Möglichkeit, je nach persönlichen Vorlieben gewisse Bereiche zu vertiefen. Für Edin ist zudem die allgemeine Atmosphäre in seinem Studiengang äusserst motivierend. Nebst seinen sehr sympathischen Dozierenden ist für ihn die Beziehung zu seinen

Mitstudierenden von grosser Bedeutung. «Wir sind wie eine kleine Familie», lächelt der Ostschweizer. Er erklärt sich das einerseits durch den Studiengang, welcher ein grundsätzliches Interesse für Mitmenschen fordert, andererseits durch den oftmals sehr körpernahen Unterricht. «Wir müssen uns gegenseitig untersuchen, da lernt man sich schnell sehr intensiv kennen.»

Trotz der grossen Begeisterung, die Edin für sein Studium hegt, bekommt er auch dessen Schattenseiten zu spüren. «Man ist einfach ständig dran.» Die Freizeit bleibt da oft auf der Strecke; so musste der junge Mann auch sein regelmässiges Training im Boxverein aufgeben. Ein grosses Problem in seinem Studiengang sieht er zudem in den Prüfungsterminen, welche noch in der Vorlesungszeit liegen. «Ich würde mir mehr Zeit zum Lernen wünschen», erklärt Edin. Das System der Medizinstudierenden, welche einige Wochen frei hätten, nur um zu lernen, fände er in dieser Hinsicht besser.

Für seinen weiteren Weg nach dem Studium hat der angehende Physiotherapeut schon einige Pläne. «Mir ist wichtig, so vielseitige Erfahrungen wie möglich zu sammeln.» Dabei stehe allerdings der Bereich Sport schon eher im Vordergrund. Das Nonplusultra wäre für Edin, später einmal als Dozent an einer Fachhochschule zu arbeiten. «Ich hatte schon immer auch Interesse an Didaktik – und so könnte ich das mit dem Interesse an Medizin vereinen.»

Tobias Jenert, Alexander Fust

Studierende (als) Kunden?! Zum Umgang mit einer herausfordernden Beziehung zwischen Lehrenden und Lernenden

Einführung von Frank Brückel

Dürfen Teilnehmende von Studiengängen in Aus- und Weiterbildung darüber bestimmen, welche Inhalte zentral behandelt werden, oder darüber, welches Niveau geforderte Leistungsnachweise haben sollen, weil sie für die Leistungen bezahlen? Oder anders gefragt: Wenn Studierende in einem von vielen Anbietern umstrittenen Bildungsmarkt als Kundinnen und Kunden angesehen werden, sind sie dann automatisch Königinnen und Könige?

Sind sie nicht. Aber ebenso wenig können Anbieter ohne einen Blick auf die Bedürfnisse ihrer anvisierten Zielgruppe entsprechende Angebote planen und durchführen.

Aus meiner Erfahrung als Dozent in der Weiterbildung mit Lehrpersonen und Schulleiterinnen und -leitern stellt der vorliegende Beitrag eine gute Grundlage dar für Personen, die mit der Planung und Durchführung von Weiterbildungsveranstaltungen beschäftigt sind. Er zeigt auf, dass Studierende von kostenpflichtigen Angeboten nicht nur Lernende und/oder Kunden sind, sondern mehrere Rollen einnehmen und sich daraus Spannungsfelder ergeben können. So stellen sich zum Beispiel Fragen nach dem Grad des Entgegenkommens bei der Befriedigung individueller Bedürfnisse (in Bezug auf Fehlzeiten wegen Berufstätigkeit, Berücksichtigung individueller Vorerfahrungen, die sehr weit auseinandergehen können, usw.) oder wann zahlenden Kunden ein Leistungsnachweis wegen mangelnder Leistung verweigert wird.

Spannend an diesem Beitrag ist, dass die Autoren aus unterschiedlichen Berufsfeldern kommen (Bildungswissenschaften und Betriebswirtschaftslehre) und die obige Kernfrage aus unterschiedlichen Blickwinkeln beleuchten.

Da die Autoren die Problematik gut nachvollziehbar darlegen, ohne jedoch vorschnell Lösungen anzubieten, ist der Text eher eine Aufforderung, die eigene Situation zu reflektieren, als eine «schnelle Lektüre».

Im Idealfall wird die Thematik nicht alleine bearbeitet, sondern zu zweit oder in einer Gruppe. Zum Beispiel, indem der vorliegende Beitrag als Grundlage für eine gemeinsame Diskussion dient, die hilft, die eigenen Angebote gegenüber Studierenden und Mitbewerbenden klarer zu positionieren. Eventuell können folgende Fragestellungen helfen:

- Welches Selbstverständnis haben wir in unserer Organisation bezüglich der von uns bereitgestellten Studienangebote? Welche «Signalling-Wirkung» wollen wir erzielen?
- Wie nehmen wir die unterschiedlichen Rollen unserer Zielgruppe wahr? Gibt es eine oder mehrere Rollen, die dominant sind? Gibt es solche, die wir in Zukunft stärker gewichten wollen?
- Welche der von den Autoren genannten Dilemmata sind für unseren Bezug besonders relevant? Wie wollen wir damit umgehen?
- Welche Ansprüche haben wir bezüglich des Niveaus unserer Leistungsnachweise? Ist es bei unseren Leistungsnachweisen möglich, dass sie als «nicht genügend» zurückgegeben werden?
- Inwiefern wollen wir unsere «Kunden» in die Pflicht nehmen, für ihren Lernerfolg selbst verantwortlich zu sein, und wieweit verstehen wir uns als Dienstleistende, die einen wesentlichen Auftrag darin sehen, die «Kunden» mit aktuellem Wissen, aktuellen Fertigkeiten und Fähigkeiten zu «beliefern»?

Frank Brückel, Prof. Dr., arbeitet als Dozent an der Pädagogischen Hochschule Zürich in der Abteilung Weiterbildung und Nachdiplomstudien. Seine Arbeitsschwerpunkte sind Schulentwicklung und Bildungsinnovation. Zuvor war er Mitarbeiter an der Reformschule Ecole d'Humanité Hasliberg Goldern (BE) und Lehrer und Schulleitungsmitglied der Rudolf Steiner Schule Baar (ZG).

Einleitung

Bildung kann man nicht kaufen. Dieser Aussage würden wohl die meisten Lehrpersonen zustimmen. Tatsächlich ist Lernen bzw. Bildung aus pädagogischer Sicht ein Prozess, den Lehrende bestenfalls anregen und unterstützen, keinesfalls jedoch «machen» oder «liefern» können. Gleichzeitig zahlen Studierende an Hochschulen heute häufig für die Teilnahme an Bildungsangeboten und sind damit auch Kunden mit bestimmten Ansprüchen. Die Erwartungen, die mit dieser Kundenrolle einhergehen, können je nach Bildungssituation sehr unterschiedlich sein. Besonders deutlich tritt das Anbieter-Kunden-Verhältnis jedenfalls dort zutage, wo es sich nicht um «professionelle» Lernende – etwa Vollzeitstudierende oder -schülerinnen – handelt, sondern wo das Lernen der Qualifizierung neben einer anderen Tätigkeit dient, also auf dem wachsenden Markt der berufsbegleitenden Weiterbildung.

Der Beitrag befasst sich mit der Frage, wie sich die Situation von Studierenden in kommerziellen Bildungssituationen konzeptionell fassen lässt. Darauf aufbauend, stellen wir typische Spannungsfelder und Schwierigkeiten dar, die sich ergeben, wenn sich Studierende als zahlende Kunden verstehen und somit auch entsprechende Ansprüche stellen. Schliesslich geht es uns darum zu diskutieren, welche Gestaltungsmöglichkeiten für diese schwierige Beziehung denkbar sind. Ausgangspunkt unserer Überlegungen ist die Beobachtung, dass die Problemstellung des «Studierenden als Kunden» bisher (zu) wenig differenziert betrachtet wurde: Entweder wurden betriebswirtschaftliche Konzepte relativ unreflektiert auf den Bildungskontext übertragen («Bildungsauftrag als Dienstleistung», Bastian 2002). Oder aber die Vorstellung vom Studierenden als Kunden mit bestimmten Ansprüchen wurde mit pädagogischen bzw. bildungsphilosophischen Argumenten als dysfunktional zurückgewiesen (z. B. Brunner 2005; Lohmann & Rilling 2002; Reinmann & Jenert, 2011). Dabei fällt auf, dass sich kaum ein Beitrag mit dem Begriff des *Kunden* auseinandersetzt und ihn für den Hochschulkontext näher bestimmt. Was ein Kunde ist und in welchem Verhältnis er zum Anbieter einer Ware oder Dienstleistung steht, wird vielmehr als selbstverständlich vorausgesetzt. Es ist *kein* Ziel dieses Beitrags, die (zweifellos notwendige) programmatisch-normative Diskussion über Sinn und Folgen kostenpflichtiger Bildungsangebote weiterzuführen. Vielmehr geht es darum, den Kundenbegriff im Bildungskontext zu differenzieren, faktisch bestehende Herausforderungen kommerzieller Bildungssituationen zu benennen und mögliche Handlungsstrategien zu diskutieren. Zu diesem Zweck bilden die Autoren ein gemischtes Team aus dem Bereich der Bildungswissenschaften (Jenert) und der Betriebswirtschaftslehre (Fust).

Im *ersten Teil* des Beitrags werden wir (aufbauend auf Reinmann & Jenert 2011) unterschiedliche Perspektiven auf die Rolle von Studierenden in Bildungssituationen vorstellen. Zwischen den Rollenverständnissen ergeben sich Widersprüche, die wir im *zweiten Teil* des Beitrags diskutieren, woraus wir typische Herausforderungen ableiten, die speziell die Situation von Studierenden als Kunden betreffen. Diese werden pointiert in Form von vier Dilemmata dargestellt, die in kommerziellen Bildungssituationen häufig auftreten. Der *dritte Teil* befasst sich schliesslich mit der Bewältigung dieser Dilemmata und insbesondere mit der Frage, wie Lehrende mit den dargestellten Herausforderungen umgehen können. Dazu reflektieren wir zunächst den Kundenbegriff und schlagen – mit Verweis auf Ansätze im Bereich des Innovationsmanagements – eine differenzierte Sichtweise des Kundenverhältnisses in Bildungskontexten vor. Schliesslich entwickeln wir mögliche Strategien, die

Lehrende dabei unterstützen können, mit *verschiedenen Kundentypen* in Bildungssituationen umzugehen.

Studierende als Kunden: Wer ist gemeint?

Tatsächlich bezahlen Studierende heute an allen Schweizer Hochschulen in Form von Studiengebühren für ihr Studium. Insofern bezieht sich der Beitrag sowohl auf Studierende in der grundständigen Lehre (Bachelor- und Masterabschlüsse) als auch auf die wachsende Zahl von Studierenden, die Hochschulangebote zur (häufig berufsbegleitenden) Weiterbildung nutzen, beispielsweise in Form von Certificates und Masters of Advanced Studies (CAS, MAS).

Allerdings betreffen die im Beitrag dargestellten Spannungsfelder und Herausforderungen nicht alle Studierendengruppen in gleichem Masse, sondern sind graduell abgestuft. Es ist davon auszugehen, dass die spezifischen Charakteristika und Ansprüche von Studierenden als Kunden umso stärker zutage treten, (a) je mehr ein Bildungsangebot pro Zeiteinheit kostet und (b) je weniger sich ein Studierender mit der Studierendenrolle und der Hochschule bzw. dem Bildungsgang identifiziert. So befinden sich Studierende in Weiterbildungssituationen eher kurze Zeit und nur abschnittsweise an der Hochschule, zahlen zudem vergleichsweise hohe Summen für einen Bildungsgang. Die Studierenden gehen hier neben dem Studium häufig einem Beruf nach, die Weiterbildung ist mit einem klaren beruflichen Ziel verbunden. Somit sind neben den direkt anfallenden Kosten auch hohe Opportunitätskosten zu verzeichnen, die sich beispielsweise aus der Lohneinbusse aufgrund der aufgewendeten Zeit für die Weiterbildung ergeben können. Dementsprechend beurteilen solche Studierende die Investition in die Weiterbildung *auch* daran, inwiefern die beruflichen Ziele erfüllt werden.

Vollzeitstudierende sind demgegenüber länger und damit intensiver an die jeweilige Hochschule gebunden und identifizieren sich stärker mit ihrer Rolle – sie sind quasi «professionelle» Studierende. Die Kundenrolle wird sich daher in der Regel weniger unmittelbar und direkt auf die Interaktion mit Lehrenden auswirken als im Rahmen kostenpflichtiger Weiterbildungen. Studiengebühren und allgemeine Kosten des Bildungsangebotes pro Zeiteinheit fallen niedriger aus, zudem sind die Opportunitätskosten geringer bzw. weniger sichtbar, da die Studierenden meist vor oder am Anfang ihrer beruflichen Karriere stehen und somit einen weniger hohen Lohnverzicht in dieser Zeit verzeichnen. Dass jedoch auch hier die Kosten der Ausbildung Auswirkungen auf das Verhältnis zwischen Studierenden und Hochschule haben, zeigt sich am Beispiel des sogenannten Bildungsstreiks 2009 bis 2010 (Sergan 2009): Vor allem in Deutschland und Österreich, aber auch in der Schweiz protestierten Studierende zunächst gegen die Einführung bzw. Erhöhung von Studiengebühren und forderten nach deren Einführung teils erfolgreich eine Mitbestimmung bei deren Verwendung. Als «Kunden» entwickelten die Studierenden also neue Ansprüche gegenüber der Hochschule, die sich letztlich auch in Form von direkter Einflussnahme auf die Mittelverteilung für die Lehre auswirken.

Zwei Perspektiven auf die Rolle Studierender

Um die verschiedenen Rollen von Studierenden in kommerziellen Bildungssituationen näher zu differenzieren, unterscheiden wir zunächst zwei wesentliche Perspektiven und damit verbundene Studierendenrollen. Erstens die *pädagogisch-didaktische Perspektive:* Sie wird primär vom Ziel bestimmt, einen Lernfortschritt zu erzielen und die Studierenden im weitesten Sinne zu bilden bzw. weiterzubilden. Reinmann & Jenert (2011) beschreiben die Studierendenrolle innerhalb der pädagogisch-didaktischen Perspektive mithilfe zweier Metaphern – der Studierenden als «Lernenden» und als «Teilnehmenden» an Bildungssituationen. Die zweite Perspektive konzentriert sich demgegenüber auf die *institutionellen bzw. organisationalen* Aspekte, welche die Studierendenrolle betreffen. Studierende sind einerseits ein konstituierendes Element jeder Hochschule und bestimmen den organisationalen Alltag entscheidend mit. Reinmann & Jenert (2011) betrachten dieses Verhältnis unter der Metapher des «Bürgers», der eine Organisation mitgestaltet. Gleichzeitig haben zahlende Studierende auch bestimmte Erwartungen und stellen spezifische Ansprüche an die Hochschule. Hier tritt die Metapher des Studierenden als «Kunde» in den Vordergrund.

Abbildung 1 gibt eine Übersicht der beiden Perspektiven mit den jeweils zugeordneten Metaphern. Zu beachten ist dabei, dass es sich bei der Unterscheidung der vier Rollen um eine *analytische* Trennung handelt: So ist nicht (zwangsläufig) davon auszugehen, dass ein Studierender sich bei der Auseinandersetzung mit der Verwaltung als Kunde fühlt, diese Rolle und die damit verbundene Haltung aber im Klassenraum völlig ablegt, um als Lernender zu agieren. Die oben skizzierten Herausforderungen und Spannungsfelder entstehen zu einem grossen Teil dadurch, dass sich die verschiedenen Studierendenrollen in der organisationalen Wirklichkeit nicht streng voneinander trennen lassen. Dadurch kann es zu problematischen bzw. «unpassenden» Konstellationen zwischen verschiedenen Studiensituationen (z. B. administrative, politische, lehr-/lernbezogene Situationen) und den vorherrschenden Rollenverständnissen der Studierenden kommen.

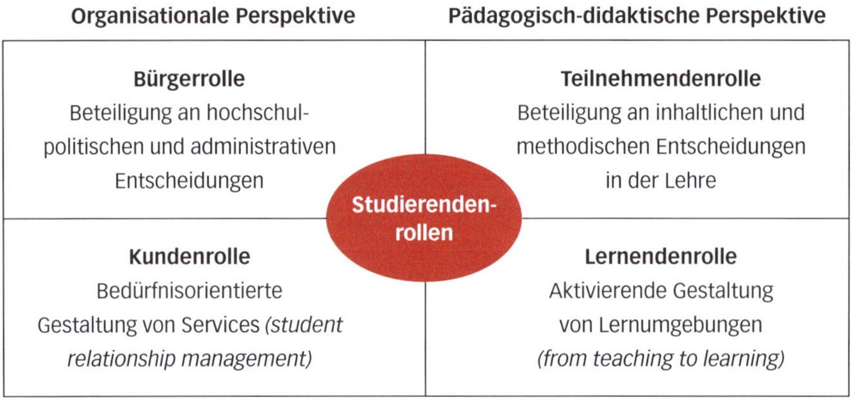

Abbildung 1 *Verschiedene Rollen Studierender aus organisationaler und pädagogisch-didaktischer Perspektive (angelehnt an Reinmann & Jenert 2011, S. 111)*

Im folgenden Abschnitt gehen wir zunächst etwas näher auf die beiden Perspektiven auf Studierende mit ihren jeweiligen Metaphern ein, um anschliessend Widersprüche und Komplementäres in den verschiedenen Studierendenrollen herauszuarbeiten.[1]

Pädagogisch-didaktische Perspektiven: Studierende als Lernende und Teilnehmende

Die Erziehungswissenschaften bzw. die Bildungsforschung betrachtet das Verhältnis zwischen Studierenden und Lehrenden im (Fach-)Hochschulkontext mit Blick auf pädagogisch-didaktische Aspekte: Es geht um Fragen, die das Lehren und Lernen unmittelbar betreffen, etwa unterschiedliche Herangehensweisen an das Lehren und Lernen *(approaches to teaching and learning,* z. B. Entwistle & Peterson 2004), Motivlagen Lehrender und Lernender, didaktische Methoden, Lernstrategien usw. Diese Perspektive eignet sich vor allem dazu, das Verhältnis zwischen den Studierenden und den Lehrenden

1 Die Ausführungen sind eng angelehnt an Reinmann und Jenert (2011).

unter die Lupe zu nehmen, stehen doch der eigentliche Zweck des Studiums – Lern- und Bildungsfortschritt – sowie die unmittelbaren pädagogischen Interaktionen zwischen Lehrenden und Studierenden im Mittelpunkt.

Studierende als Lernende. Aus der Sicht von Hochschullehrenden, aber auch von Lernforschern sind Studierende vor allem Lernende. Das Verhältnis zwischen Studierenden und Lehrenden ist dabei von pädagogischen und didaktischen Kernfragen bestimmt: Was soll gelernt werden und warum (Definition von Lernzielen)? Welche Lehr- und Lernmethoden sind geeignet, um die Lernenden möglichst gut beim Erreichen der Lernziele zu unterstützen? Und schliesslich: Wie kann überprüft werden, ob bzw. in welchem Grad die Lernziele erreicht werden (Leistungsnachweise bzw. Assessment)? Als eine Folge des konstruktivistischen Lernparadigmas setzt sich dabei zunehmend eine Idealvorstellung von Lernen als aktivem und konstruktivem Prozess durch (Neubert, Reich & Voss 2001). Studierende sollen weniger belehrt, sondern vielmehr aktiviert und beraten werden; neben den Wissenserwerb tritt gleichberechtigt die Entwicklung von Lernstrategien; Lehrende fungieren vor allem als Coaches und Beratende und nicht (ausschliesslich) als Wissensvermittlerin oder -vermittler (z. B. Wildt 2002). Auf der Seite der Lernenden setzt dies die Bereitschaft voraus, sich aktiv, selbstgesteuert und eigenverantwortlich in Lern- und Problemlöseprozessen zu engagieren. Anders ausgedrückt: Ideale Lernende sind nicht Konsumenten, sondern Mitgestaltende von Lernprozessen und Koproduzenten von Wissen in Lernprozessen. Gleichzeitig bleibt das Verhältnis zwischen Lehrenden und Lernenden zwangsweise *auch hierarchisch:* Lehrende haben einen Vorsprung an Expertise, bestimmen zumindest in Grundzügen die Lernziele und den Verlauf von Lernprozessen. Schliesslich – und das ist vielleicht das gewichtigste Argument für eine hierarchische Beziehung – ist es auch Aufgabe der Lehrenden, im Rahmen des Assessments den Lernerfolg zu bestimmen und zu beurteilen.

Studierende als Teilnehmende. Speziell aus dem Bereich der Erwachsenenpädagogik stammen Konzepte, denen zufolge Lernende an inhaltlichen und methodischen Entscheidungen in der Lehre partizipieren sollen. Als erwachsenenpädagogisches Prinzip verlangt die sogenannte Teilnehmerorientierung eine konsequente Ausrichtung an den Interessen und Wünschen der Teilnehmenden, was sich in höchster Form dadurch erreichen lässt, dass diese die Ziele, Inhalte und Methoden selbst bestimmen (vgl. von Hippel & Tippelt 2009). Besonders im Bereich der Weiterbildung ist die Teilnehmerorientierung ein wichtiges Konzept, geht es doch darum, die individuellen Vorerfahrungen, Ziele und Interessen der Lernenden möglichst gut zu berücksichtigen und ihnen zuzutrauen, dass sie selbst am besten entscheiden können, was sie wie lernen. Ein solches Verständnis von Studierendenorientierung ist höchst anspruchsvoll, setzt es doch voraus, dass Studierende abschätzen können, was für ihre spätere Zukunft wichtig ist. Darüber hinaus müssen sie über ein didaktisches Grundverständnis verfügen, um beurteilen zu können, wie die selbst gesetzten Bildungsziele am besten zu erreichen sind. Die Studierenden benötigen hierfür umfassendes Vorwissen sowie klare Zielvorstellungen und müssen Selbstverantwortung für ihren Lern- und Bildungsprozess übernehmen können und wollen. Speziell im Bereich kostenpflichtiger Weiterbildung kann die Umsetzung dieser Teilnehmendenrolle eine heikle Gratwanderung darstellen: Einerseits sollen die Studierenden eigene Ziele setzen und Ansprüche formulieren. Andererseits stellt sich die Frage, ob zahlende Studierende bereit sind, einen Grossteil der Verantwortung für den eigenen Lernerfolg selbst zu übernehmen, oder ob diese Verantwortung möglichst an den Lehrenden bzw. die Bildungsinstitution übertragen wird. Besonders herausfordernd ist dabei die Frage, wie der Lernerfolg – und damit eine entsprechende Zertifizierung – so überprüft werden kann, dass einerseits eine Orientierung an individuellen Bedürfnissen erfolgen kann und andererseits vorgegebene Leistungsstandards eingehalten werden können.

Organisationale Perspektiven: Studierende als Bürger und Kunden

Anders als die pädagogisch-didaktische Perspektive konzentriert sich die organisationale Perspektive vor allem auf die Rollen, die Studierende innerhalb bzw. gegenüber der jeweiligen Hochschule einnehmen. Es geht in dieser Betrachtungsweise also nicht unmittelbar um Lern- und Bildungsprozesse, sondern eher um die Frage, ob und in welcher Form Studierende Einfluss auf die jeweilige Hochschule nehmen können und sollen oder welche Ansprüche die Studierenden gegenüber der Hochschule anmelden können und wie darauf zu reagieren ist. Auch hier entwickeln Reinmann und Jenert (2011) zwei Metaphern, um zwischen Rollen von Studierenden in Beziehung zur Hochschule als Organisation zu unterscheiden.

Studierende als Bürger. Die Beteiligung von Studierenden an organisationalen Entscheidungen hat an den Universitäten im deutschsprachigen Raum eine Tradition, die mindestens ins Ende der 1960er-Jahre zurückreicht. Im

Vordergrund steht dabei die Partizipation Studierender in hochschulpolitischen Gremien oder durch Studierendengruppen, um an der Gestaltung der Hochschule bzw. an politischen und administrativen Entscheidungen der Hochschule stärker und besser beteiligt zu werden. Hier liegt vor allem der Vergleich zur Bürgerorientierung in der Gesellschaft nahe. Bürgergesellschaftliches Engagement ist ein wichtiger Bestandteil der Demokratie: Es zählen dazu Aktivitäten in Vereinen, Verbänden, politischen Parteien oder Bürgerinitiativen, aber auch von Unternehmen angeregte Projekte (Rudolf & Zeller-Rudolf 2004, S. 45). Besonders mit Blick auf kurzfristige und kommerzielle Bildungssituationen, wie sie insbesondere im Bereich der Weiterbildung vorkommen, stellt sich die Frage, ob die Bürgermetapher hier noch in gleichem Masse Gültigkeit besitzt bzw. wie die Bürgerrolle hier auszugestalten ist. Denn: Studierende, die «nur» einen CAS- oder MAS-Studiengang absolvieren, werden sich in der Regel kaum hochschulpolitisch engagieren und sich weniger mit ihrer Hochschule als Institution identifizieren. Allerdings nehmen sie durch ihre Ansprüche und Bedürfnisse zumindest implizit Einfluss auf die institutionellen Abläufe und den Bildungsbetrieb einer Hochschule.

Studierende als Kunden. Immer dann, wenn Studierende für ihr Studium bezahlen, sind sie neben Lernenden auch Kunden einer Bildungsorganisation. So wirkt sich die Tatsache, dass für ein Studium bezahlt wird, auf Ansprüche der Studierenden gegenüber der Hochschule aus: Im ersten Abschnitt wurde bereits das Beispiel des sogenannten Bildungsstreiks (Sergan 2009) angeführt. Noch deutlicher dürften die Ansprüche der Studierenden dann ausfallen, wenn ein Studium nebenberuflich erfolgt, wie dies im Weiterbildungsbereich (insbesondere CAS- und MAS-Programme) der Fall ist, der an den Fachhochschulen ein starkes Wachstum erfährt (von Matt 2010). Die Beziehung zwischen Studierenden und Hochschule bzw. Lehrenden orientiert sich unter dieser Perspektive an der *Zufriedenheit* der Studierenden als Kunden (Heiling 2003, S. 4f.). Schliesslich geht es den Hochschulen insbesondere im Bereich der Weiterbildung darum, möglichst viele Kunden zu gewinnen, indem aus Studierendensicht ein hoher Gegenwert für die entstehenden Kosten (direkte Kosten und Opportunitätskosten) geliefert wird. So ist die Zielsetzung eines *Student Relationship Managements* (Weinmann 2007) klar eine ökonomische und folgt dem Imperativ einer *Enterprise University* (Small 2008, S. 176). Hochschulen treten zunehmend in einen Wettbewerb zueinander, bei dem die Studierenden «mit den Füssen» abstimmen können. Um die Studierenden zufriedenzustellen, müssen verschiedene Ansprüche adressiert werden: Dies betrifft erstens Aspekte, die nicht unmittelbar mit dem Lernen bzw. mit

Bildung zu tun haben, beispielsweise die Bereitstellung reibungsloser Verwaltungsabläufe. Zweitens können Aspekte betroffen sein, die mittelbar mit der Organisation von Lernprozessen zu tun haben, etwa die Bereitstellung flexibler Lerninfrastrukturen (E-Learning, Lernräume, flexible Curricula). Drittens können sich Kundenansprüche jedoch auch auf Aspekte richten, die unmittelbar die Beziehung zwischen Studierenden und Lehrenden beeinflussen. Dazu gehört beispielsweise die Frage, welche Leistungsansprüche an die Studierenden gestellt werden – unter welchen Umständen etwa einem zahlenden Kunden der Abschluss aufgrund ungenügender Leistungen verwehrt werden kann. Betrachtet man die Beziehung zwischen Lehrenden und Studierenden aus der Kundensicht, so verändert sich die oben beschriebene Hierarchie: Nicht mehr nur die Lehrenden beurteilen die Lernleistung, sondern auch die Studierenden bringen durch ihre Zufriedenheit mit der Lehre direkt (z. B. über Evaluationen) oder indirekt (z. B. durch Weiterempfehlung eines Bildungsangebots) ein Urteil ein.

Pädagogisch-didaktische und organisationale Perspektive: Spannungsfelder und dominante Metaphern

Keine der vier dargestellten Metaphern kann für sich in Anspruch nehmen, das Verhältnis von Studierenden und Hochschulen «richtiger» oder «besser» zu veranschaulichen als die übrigen. Vielmehr sind Studierende immer zugleich Lernende, Teilnehmende, Bürger *und* – in vielen Fällen – Kunden. Spannungsfelder ergeben sich jedoch dann, wenn eine bestimmte Metapher die Beziehung zwischen Hochschule bzw. Lehrenden und Studierenden dominiert, wenn also beispielsweise die Kundenbeziehung sich auch auf die Studierendenrollen der pädagogisch-didaktischen Perspektive übertragen: Fordern Lernenden- und Teilnehmendenrolle von Studierenden Eigenaktivität, Leistungsbereitschaft und ein hohes Mass an Eigenverantwortung, so impliziert die Kundenmetapher – zumindest auf den ersten Blick –, dass Studierende als Konsumenten eine Leistung erwarten und voraussetzen dürfen.

Die Schwierigkeiten, die sich hier ergeben, lassen sich am Beispiel der Zertifizierung kostenpflichtiger Bildungsangebote verdeutlichen:

- Unter *Anwendung der Kundenmetapher* aus organisationaler Perspektive ist davon auszugehen, dass die Studierenden innerhalb einer bestimmten Zeitspanne ein Zertifikat (etwa einen Master of Advanced Studies) als Qualifizierungsausweis erwerben möchten. Im Sinne der Kundenzufriedenheit ergibt sich dadurch das Ziel, möglichst alle Studierenden im betreffenden Programm erfolgreich zu zertifizieren. Leistungsnachweise sollten daher so gestaltet werden, dass sie vom grössten Teil der Studierenden ohne grössere Schwierigkeiten bewältigt werden können.

- Unter *Anwendung der Lernendenmetapher* aus pädagogisch-didaktischer Perspektive sollten im Rahmen der Zertifizierung hingegen bestimmte Leistungskriterien geprüft und deren Erreichen sichergestellt werden. Der Leistungsanspruch stellt schliesslich ein wichtiges Element der Qualität eines Bildungsangebots dar und wirkt so auf lange Sicht in Form des Rufs einer Hochschule wieder in die organisationale Domäne zurück. Aus pädagogisch-didaktischer Sicht ist der Leistungsanspruch zunächst ohne Rücksicht auf die Erwartungen und Ansprüche der Studierenden als Kunden zu formulieren, sondern er sollte sich aus vorab festgelegten und begründeten Lern- bzw. Bildungszielen ableiten. Besonders bei anspruchsvollen Zielstellungen ist dies mit der Gefahr verbunden, dass einige Lernende die notwendigen Leistungen nicht erreichen. Wie ist aber mit den Ansprüchen der Studierenden umzugehen, wenn sie als Kunden einen wichtigen Faktor für den Erfolg der Hochschule am Bildungsmarkt darstellen?

Dieses bewusst pointiert dargestellte Beispiel zeigt ein typisches Spannungsfeld im Bereich kommerzieller Bildungsangebote. Bleibt man im Blickwinkel der pädagogisch-didaktischen Perspektive, so ist zunächst jede Einflussnahme von Kundenansprüchen Studierender auf das eigentliche Lerngeschehen abzulehnen. Lernen verlangt Aktivität und Engagement der Lernenden und kann daher nicht «gekauft» werden. Auch kann es vorkommen, dass einzelnen Studierenden die Voraussetzungen fehlen, einen Bildungsgang erfolgreich zu bewältigen. Reinmann und Jenert (2011) argumentieren in diesem Zusammenhang, dass Handlungslogiken, die nicht zusammenpassen – in diesem Fall die Lernenden- und die Kundenmetapher bzw. die pädagogisch-didaktische und die organisationale Perspektive – möglichst nicht in die jeweils andere Domäne hinüberwandern sollten. Im Alltag der Hochschullehre ist eine solche Trennung jedoch häufig nicht möglich, sodass Studierende ihre Ansprüche als Kunden *de facto* eben auch im Rahmen von Lehr-, Lern- und Prüfungssituationen geltend machen. So betrifft das dargestellte Spannungsfeld der Prüfungsqualität letzten Endes die Lehrenden, denn sie werden unmittelbar mit Ansprüchen und Bedürfnissen der Studierenden konfrontiert.

Neben der im Beispiel dargestellten Frage nach den einzufordernden Leistungen lassen sich weitere Dilemmata identifizieren, denen sich Lehrende in kommerziellen Bildungssituationen gegenübersehen. Typische Herausforderungen skizzieren wir nachfolgend, wobei wir jeweils eine pointierte Frage aus Sicht einer Hochschullehrenden stellen:

- **Assessment-Dilemma.** Dieses Dilemma wurde bereits im Beispiel vorgestellt. Es beschreibt das Spannungsfeld zwischen dem Kundenanspruch einer erfolgreichen Zertifizierung und der Durchsetzung pädagogischer Qualitätsstandards im Prüfungsdesign. Es stellt sich die folgende Frage: «Wie kann ich als Lehrender meinen eigenen Qualitätsansprüchen gerecht werden, wenn Studierende den Erfolg voraussetzen?»

- **Praxis-Dilemma.** Die berufsbegleitende Weiterbildung hat für Unternehmen eine zunehmend strategische Bedeutung: Es geht nicht mehr nur darum, eine formale Qualifizierung zu erhalten, sondern auch darum, praktische Problemstellungen bearbeiten zu können (Conger & Xin 2000, S. 77). Dementsprechend sehen sich Lehrende häufig mit der Forderung nach einem möglichst unmittelbaren Praxisbezug ihrer Lehre verbunden. Dies wirft einerseits methodische Probleme auf, andererseits stehen Lehrende vor der Herausforderung, die Relevanz theoretischer bzw. generischer Inhalte vermitteln zu können. Es stellt sich folgende Frage: «Wie kann ich den Studierenden den Wert theoretischer Grundkonzepte vermitteln und trotzdem auf individuelle Praxisprobleme eingehen?»

- **Individualisierungs-Dilemma.** Speziell in der Weiterbildung verfügen die Studierenden oft über sehr unterschiedliche Vorerfahrungen und Kompetenzstände. Studierende als Kunden erwarten dabei häufig eine Individualisierung der Lehre, um den eigenen Zielen und Vorerfahrungen möglichst gerecht zu werden. Dieser Anspruch kann Lehrende einerseits vor ressourcenbezogene Probleme stellen; andererseits ist auch sicherzustellen, dass die Studierenden im Rahmen eines Bildungsgangs einen vergleichbaren Kompetenzstand erreichen (respektive bereits einen vergleichbaren Kompetenzstand mitbringen, um darauf aufbauen zu können). Es stellt sich folgende Frage: «Wie kann ich auf individuelle Charakteristika und Bedürfnisse der Studierenden eingehen und gleichzeitig das Erreichen gemeinsamer Kompetenzstandards sicherstellen?»

- **Verantwortungs-Dilemma.** Moderne Didaktik setzt in hohem Masse auf Aktivierung von Lernenden und Methoden, die selbstorganisiertes

Lernen erfordern. Die Lernenden übernehmen dabei ein hohes Mass an Eigenverantwortung für die Gestaltung von Lernprozessen. Gerade wenn das Studium nicht die Hauptbeschäftigung darstellt, weil z. B. einem Beruf nachgegangen wird, werden selbstgesteuerte Lerntätigkeiten häufig nicht in ausreichendem Masse durchgeführt. Es stellt sich folgende Frage: «Wie viel Eigenverantwortung und Selbstorganisation kann ich Studierenden zumuten, die für meine Lehrtätigkeit bezahlen?»

Diese vier Dilemmata zeigen – wenn auch holzschnittartig vereinfacht – ein typisches Problemspektrum auf, mit dem sich Lehrende an Hochschulen generell zu befassen haben, die aber in kommerziellen Bildungssituationen besonders pointiert zutage treten. Letztlich geht es stets darum, die eigene Position gegenüber den zahlenden Studierenden zu bestimmen und Handlungsspielräume auszuloten. Um Antworten auf die gestellten Fragen näher zu kommen, werfen wir im folgenden Abschnitt einen Blick auf den Begriff des «Kunden» und versuchen ein Verständnis zu entwerfen, das für Bildungssituationen tauglich erscheint.

Der Kunde ist (immer) König!?
Ein differenzierter Blick auf den Kundenbegriff

Die betriebswirtschaftliche Forschung setzt sich u. a. bei der Erforschung von Innovationsprozessen differenziert mit der Rolle des Kunden auseinander (z. B. Gruner & Homburg 2000; von Hippel 1986), wo sich ganz ähnliche Spannungsfelder und Dilemmata ergeben, wie sie weiter oben für kommerzielle Bildungssituationen beschrieben wurden. Kunden werden dort jedoch weniger als homogene Gruppe betrachtet; vielmehr werden anhand von Kriterien verschiedene Kundentypen unterschieden: Erstens unterscheiden sich Kunden in ihrer *Fähigkeit*, sich neuartige Leistungen vorzustellen und damit aktiv bei der Entwicklung von Innovationen mitzuwirken. Zweitens unterscheiden sich Kunden in ihrer *Motivation*, Bedürfnisse und Vorstellungen bezüglich neuer Leistungen dem Unternehmen mitzuteilen.

Abhängig von diesen beiden Kriterien werden Kunden bezüglich ihres Beitrags zu *Innovationsergebnissen* nicht nur positive, sondern auch negative Eigenschaften zugewiesen: Einerseits können Kunden nützliche Informationen für den Innovationsprozess von Unternehmen liefern, um neuartige Leistungen zu entwickeln (z. B. Gruner & Homburg 2000). Zum Teil können sie sogar die alleinigen Entwicklerinnen und Entwickler von neuartigen Leistungen sein (z. B. Lettl, Hienerth & Gemuenden 2008) und aus dem späteren Wunsch der Kommerzialisierung dieser Leistungen ein Unternehmen gründen (z. B. Shah & Tripsas 2007). Von Hippel (1986) zeigte in seiner Forschung das Phänomen der sogenannten *Lead Users* auf. Diese unterscheiden sich gegenüber «normalen» Kunden in zweierlei Hinsicht: Erstens besitzen sie eine hohe Motivation, ihre Bedürfnisse mitzuteilen und/oder diese Bedürfnisse zu befriedigen. Zweitens erfahren sie diese Bedürfnisse weit vor der Masse der «normalen» Kunden. Diese *Lead Users* weisen somit Eigenschaften auf, die sie befähigen, mit neuartigen Leistungen und Vorstellungen an das Unternehmen heranzutreten, die sich andere Kunden erst in Zukunft vorstellen können.

Demgegenüber lassen sich auch negative Effekte feststellen. Bestimmte Kunden können oder wollen ihre (bewussten) Bedürfnisse nicht artikulieren, sodass Unternehmen diese Bedürfnisse nicht aufnehmen und in entsprechende Produkte und Dienstleistungen umsetzen können. Bei latenten Bedürfnissen (d. h. Bedürfnissen, die dem Kunden noch nicht bewusst sind) ist dies noch schwieriger (z. B. Narver, Slater & MacLachlan 2004; Ulwick 2002). Kunden greifen bei der Beurteilung von Leistungen wie auch bei der Beschreibung künftiger Bedürfnisse häufig auf vergangene Erfahrungen zurück und können sich dadurch neue bzw. wirklich innovative Leistungen weniger gut vorstellen (z. B. Christensen & Bower 1996). Dies kann dazu führen, dass Bestehendes eher inkrementell weiterentwickelt wird, statt dass man sich Leistungen mit hohem Neuigkeitsgehalt vorstellt (z. B. Enkel, Kausch & Gassmann 2005; Ulwick 2002). Ein weiterer negativer Effekt ergibt sich, wenn sich Kunden keine neuartigen Leistungen vorstellen können, weil ihnen das (technische) Wissen fehlt (z. B. Ulwick 2002).

Diese Betrachtung des Kundenbegriffs zeigt deutlich, dass «Kunde» keineswegs mit einem allmächtigen und allwissenden Gegenüber gleichzusetzen ist. Einfach ausgedrückt: Kunden wissen erstens oft nicht, wie ein Produkt bzw. eine Dienstleistung gestaltet werden sollte (fehlende fachliche Expertise), um ihre Bedürfnisse abzudecken. Zweitens sind sie häufig nicht in der Lage, diese Bedürfnisse (insbesondere jene mit latentem Charakter) zu artikulieren. Des Weiteren unterscheiden sich Kunden auch in ihrer Motivation, ihre Bedürfnisse einem Unternehmen mitzuteilen und sich damit am Innovationsprozess zu beteiligen. Dies ist beispielsweise dann der Fall, wenn ein Kunde zwar eine innovative Idee entwickelt und diese gegebenenfalls sogar selbst in ein neues Produkt – etwa ein Fahrrad – umsetzt, diese Entwicklung aber weder selbst vermarktet noch einem Unternehmen anbietet.

Die beiden dargestellten Differenzierungskriterien – (1) die Fähigkeit von Kunden, eigene Bedürfnisse zu erkennen und zu artikulieren, und (2) die Kundenmotivation – lassen sich auch für eine differenzierte Betrachtung des Kundenverhältnisses in Bildungssituationen verwenden.

Bildungsbezogene Fähigkeiten. Hier stellt sich die Frage, inwieweit Lernende als Kunden dazu in der Lage sind, (a) eigene (inhaltliche bzw. auf einen Kompetenzzuwachs gerichtete) Bildungsziele zu benennen und (b) zu beurteilen, auf welchem Wege die eigenen Ziele erreicht werden können. Diese Fähigkeiten sind abhängig vom bereits bestehenden Wissen über den (möglichen) fachlichen Inhalt einer Bildungsmassnahme sowie Möglichkeiten der didaktisch-methodischen Gestaltung. Zudem stellt sich die Frage, ob sich Lernende dieses Vorwissens bzw. bestehender Vorerfahrungen auch bewusst sind und die eigenen Bildungsbedürfnisse artikulieren können. Wenn Kunden bereits vorab ein differenziertes Verständnis des Inhalts haben (z. B. aufgrund von vergangenen Aus- oder Weiterbildungen oder On-the-Job-Training), besitzen sie ein breiteres Wissen über die Möglichkeiten, welche die Weiterbildung adressieren kann. Illustrieren lässt sich dies an einem Beispiel zum weiter oben angeführten Individualisierungs-Dilemma: Studierende in einem Weiterbildungsangebot beklagen sich darüber, dass die behandelten Inhalte zu theoretisch und abstrakt gehalten seien. Gegenüber den Lehrenden wird ein deutlicher und unmittelbarer Bezug zur jeweiligen Arbeitspraxis eingefordert. In einer solchen Situation stellt sich die Frage, ob die Studierenden einschätzen können, welche Kompetenzen sie eigentlich erwerben sollten, um für künftige Herausforderungen ihres Berufslebens gerüstet zu sein, und vor allem *wie* sie lernen sollten, um ein bestimmtes Bildungsergebnis zu erzielen. In der beschriebenen Situation kann es für die Lehrenden notwendig sein, die jeweiligen Bildungsziele mit den Studierenden zu diskutieren sowie die inhaltlichen und didaktischen Überlegungen – insbesondere den Zusammenhang zwischen Bildungszielen, Inhalten und Methoden – offenzulegen. Denn häufig fehlt den Studierenden die didaktische Expertise, um von vornherein beurteilen zu können, ob ein Lehr-Lern-Design angemessen bzw. nützlich ist. Um die Zufriedenheit und die Akzeptanz von Kunden für bestimmte inhaltliche und methodische Entscheidungen zu gewährleisten, scheint es notwendig, die dahinterstehenden Entscheidungsprozesse transparent zu machen.

Kundenmotivation. Dass Lernende unterschiedlich stark und aus unterschiedlichen Zielen und Absichten heraus zum Lernen motiviert sind, ist in der Bildungswissenschaft hinreichend erforscht (z. B. Ryan & Deci 2000;

Eccles & Wigfield 1995). Lernbezogene Motivationstheorien betrachten in der Regel die Beziehung der Lernenden zum Lerngegenstand: Intrinsische Lernmotivation kann sich z. B. aufgrund eines besonderen Interesses für einen Themenbereich ergeben, extrinsisch motiviert sind Lernende beispielsweise, wenn eine Aus- oder Weiterbildung zwingend für den beruflichen Aufstieg notwendig ist. Die ökonomisch geprägte Signalling-Theorie arbeitet mit ähnlichen Motivlagen, betrachtet als Motivationsquelle aber vor allem den Wert, den eine Bildungsmassnahme für die Lernenden bietet. Durch den Abschluss einer bestimmten Weiterbildung «signalisieren» Personen ihrem Umfeld (z .B. dem Arbeitgeber), dass sie eine entsprechende Qualifikation besitzen (Spence 1973). Die Signalling-Wirkung einer Aus- bzw. Weiterbildungsmassnahme hängt dabei ganz wesentlich davon ab, welchen Wert externe Anspruchsgruppen – z. B. Arbeitgeber, Kollegen und Kolleginnen, Vorgesetzte – der entsprechenden (Weiter-)Bildungsmassnahme zuschreiben. Das Renommee einer Bildungseinrichtung bzw. eines Ausbildungsgangs beeinflusst dementsprechend die Signalling-Wirkung entscheidend. Signalling ist – als eher extrinsischer Anreiz – in den meisten Fällen nicht die alleinige Motivation zur Beteiligung an einer Bildungsmassnahme. Speziell in kommerziellen Bildungssituationen ist die Aussenwirkung aber mit ein wichtiger Aspekt der Zufriedenheit und der Motivation von Lernenden. Die zunehmende Bedeutung von Hochschulrankings ist ein eindrückliches Beispiel für die Relevanz dieses Faktors (Erhardt 2011, S. 54 f.). Studierende ziehen solche Beurteilungen nicht nur bei der Entscheidung für einen Studienort zurate, sondern auch, um nachträglich die Platzierung der eigenen Hochschule und damit den «Wert» des eigenen Studiums zu bestimmen (Hachmeister & Hennings 2007, S. 11).

Für Hochschulen, die kommerzielle Bildungsmassnahmen anbieten, und deren Lehrende ist die Frage des Signalling also ein Thema, das es in der Auseinandersetzung mit den Studierenden zu berücksichtigen gilt. Aus ökonomischer Perspektive bedeutet ein hoher Signalling-Wert zunächst eine starke Marktposition und die Chance auf viele (zahlende) Kunden. Allerdings setzt die zugrunde liegende hohe Reputation voraus, dass sich eine Hochschule bzw. ein Ausbildungsgang gegenüber den Wettbewerbern profilieren kann (respektive in der Vergangenheit profilieren konnte), beispielsweise durch einen besonders exklusiven Zugang zu einem Bildungsangebot oder anspruchsvolle Lehr-Lern-Methoden. Um langfristig eine hohe Signalling-Wirkung erarbeiten bzw. sicherstellen zu können, muss eine hohe Bildungsqualität gewährleistet sein. Dies wiederum spricht dafür, anspruchsvolle Qualitätsstandards zu etablieren, diese konsequent im Prüfungssystem abzubilden und passende

Lehr-Lern-Methoden anzubieten.[2] Gegenüber den Lernenden ist der Zusammenhang zwischen einer hohen Reputation bzw. Signalling-Wirkung und dem eigenen Engagement ebenso aktiv zu kommunizieren wie die angesetzten Qualitätsstandards und deren Überprüfung.

Vier Kundentypen. Ausgehend von den beiden dargestellten Merkmalen – Kundenmotivation und bildungsbezogene Fähigkeiten –, lassen sich verschiedene Typen von Kunden in Bildungssituationen unterscheiden. Davon ausgehend, werden mögliche Strategien entworfen, mit denen Lehrende die jeweiligen Charakteristika und besonders ausgeprägte Ansprüche der einzelnen Kundentypen ansprechen können:[3]

(1) *Zertifikatsorientierte.* In dieser Gruppe fassen wir Kunden, die mit einem Bildungsabschluss vor allem ihrem Arbeitgeber oder ihrem persönlichen Umfeld gegenüber ein Signal aussenden möchten und zudem eine geringe Fähigkeit besitzen, ihre eigenen Bildungsziele zu erkennen und zu artikulieren. Diese Studierenden stellen eine besonders herausfordernde Zielgruppe dar, weil sie versuchen, mit möglichst geringem Aufwand ein Zertifikat zu erwerben. Die Herausforderung besteht bei dieser Gruppe darin, das Bewusstsein für eigene Bildungsbedürfnisse zu wecken und sie auf das Erreichen einer hohen Bildungsqualität (und damit einer langfristig hohen Signalling-Wirkung) zu verpflichten. Eine Strategie im Umgang mit dieser Gruppe ist es, eine möglichst grosse *Akzeptanz für die didaktische Gestaltung* einer Bildungsmassnahme zu erreichen, indem diese mit einer hohen Signalling-Wirkung in Verbindung gebracht wird. So sollten Qualitätsstandards transparent dargestellt und deren Bezug zur Bildungsqualität explizit gemacht werden. Darüber hinaus sollten sich die Qualitätsstandards in den Assessmentkriterien und -massnahmen eindeutig widerspiegeln, sodass der Beitrag der Leistungskontrolle zur Qualität (und zur Signalling-Wirkung) deutlich wird.

(2) *Berufsfixierte.* Diese Gruppe umfasst Kunden, die ebenfalls grossen Wert auf die Signalwirkung einer Bildungsmassnahme legen, sich ihrer persönlichen Bildungsziele aber bewusst sind. Sie haben eine klare Vorstellung davon, welche Inhalte sie behandeln und welche Problemsituationen sie lösen möchten. Im Bereich der Weiterbildung verfügen solche Personen

2 Denkbar ist zudem, den Zugang zu einem Bildungsangebot zu beschränken und damit die Exklusivität des Angebots zu erhöhen.

3 Die Bezeichnungen der vier Kundentypen sind bewusst überspitzt gewählt, um bestimmte Merkmale pointiert darstellen zu können.

häufig bereits über grosse (berufliche) Erfahrung im entsprechenden Themengebiet. Eine mögliche Strategie im Umgang mit dieser Zielgruppe ist es, eine Bereitschaft zur *Öffnung über die eigenen Interessengebiete hinaus* zu erreichen, indem die potenzielle Relevanz von Inhalten und Fertigkeiten jenseits des eigenen Erfahrungshintergrunds verdeutlicht wird. Zudem kann auf die Expertise dieser Studierenden aufgebaut werden, wenn es darum geht, praktische Beispiele zu bearbeiten.

(3) *Zieloffene.* Die dritte Gruppe umfasst Kunden, die weniger durch die Signalwirkung einer Bildungsmassnahme, sondern vorwiegend aufgrund intrinsischer Bildungsbedürfnisse motiviert sind, sich aber ihrer unmittelbaren (inhaltlichen bzw. problembezogenen) Bildungsziele nicht bewusst sind. Eine mögliche Strategie im Umgang mit diesen «orientierungslosen» Kunden ist es, die *potenzielle Relevanz* einer Bildungsmassnahme durch Anwendungsfälle und Problembezüge zu verdeutlichen, um die mögliche künftige Nützlichkeit für den Kunden herauszustellen. Bei heterogenen Zielgruppen bietet es sich an, zieloffene und praxiserfahrene Studierende z. B. in Gruppenarbeiten zusammenzubringen.

(4) *Selbstorganisierte.* Hierbei handelt es sich um Kunden, die vorwiegend aufgrund intrinsischer Bildungsbedürfnisse motiviert sind und gleichzeitig sehr konkrete Bildungsziele anstreben. Eine mögliche Strategie im Umgang mit dieser Gruppe ist es, Möglichkeiten für das Verfolgen *individueller Lernpfade und Interessenschwerpunkte* sowie Gelegenheiten für eigenverantwortliches Lernen zu schaffen.

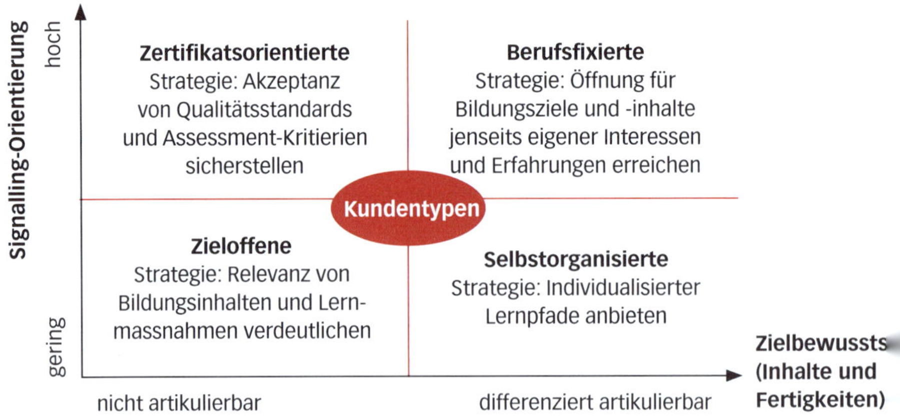

Abbildung 2 *Kundentypen und mögliche Strategien für Lehrende (eigene Darstellung)*

Abbildung 2 gibt einen Überblick über die vier Typen zusammen mit den vorgeschlagenen Strategien im Umgang mit den jeweiligen Kundengruppen.

Wie jede Typenbildung hat auch diese Einteilung den Nachteil, dass sie stark vereinfacht und Grauschattierungen zwischen den einzelnen Typen vernachlässigt. In ihrer Reinform werden die dargestellten Typen kaum anzutreffen sein; zudem werden in jeder Bildungsmassnahme verschiedene Typen aufeinandertreffen. Allerdings erleichtert es die vorgenommene Einteilung, systematische Vorschläge zum Umgang mit Kunden in Bildungssituationen zu entwickeln.

Analog gilt, dass die vorgeschlagenen Strategien nicht nur für den jeweils zugeordneten Kundentypus gelten. Vielmehr empfiehlt es sich, im Rahmen einer Bildungsmassnahme verschiedene Strategien zu kombinieren, um ein hohes Involvement verschiedener Studierendengruppen zu erreichen, indem möglichst viele Kundenbedürfnisse aktiv angesprochen werden. Um die relativ abstrakt formulierten Strategien zu konkretisieren, zeigen wir im Folgenden beispielhaft, wie sich unterschiedliche Kundentypen im Verlauf einer Bildungsmassnahme adressieren lassen:

- *Vorbereitungsphase.* In der Vorbereitungsphase einer Bildungsmassnahme sollten zunächst Informationen über die Lernenden gesammelt werden. So bietet es sich beispielsweise an, die häufig standardmässig angelegten Kursseiten eines Learning-Management-Systems (LMS) für eine einfache Vorwissens- und Erwartungsabfrage zu nutzen. Dies ermöglicht es dem Lehrenden, die vorgesehenen Lernziele, Inhalte und Methoden mit den Erwartungen der Lernenden abzugleichen und gegebenenfalls zu modifizieren. Entscheidend ist jedoch, dass die Erwartungsabfrage im Verlauf der Bildungsmassnahme wieder thematisiert und dazu genutzt wird, inhaltliche und methodische Entscheidungen einzuordnen bzw. zu begründen. So werden die Teilnehmenden an der Gestaltung einer Bildungsmassnahme beteiligt und bei didaktischen Entscheidungen in die Pflicht genommen.
- *Beginn einer Bildungsmassnahme.* Mittlerweile setzt sich auch in der Hochschullehre die explizite Festlegung und Vorstellung von Lernzielen durch. Selten werden solche Lernziele allerdings mit den Vorerfahrungen und Erwartungen der Lernenden in Beziehung gesetzt, und auch ihre Auswahl wird oft nicht begründet. Lernziele müssen sich keinesfalls immer oder ausschliesslich an den Erwartungen der lernenden Kunden orientieren, allerdings sollte begründet werden, weshalb bestimmte Ziele und Inhalte ausgewählt wurden und warum diese Auswahl gege-

benenfalls von den Vorstellungen der Studierenden abweicht. Besonders bei Bildungsmassnahmen, bei denen die Signalling-Wirkung eine grosse Rolle spielt (z. B. im Rahmen kurz dauernder, hochpreisiger Weiterbildungen oder der Führungskräfte-Weiterbildung), sollte auch der Zusammenhang zwischen didaktischer Umsetzung, Bildungsqualität und Reputation einer Hochschule bzw. eines Bildungsgangs explizit thematisiert werden. Ebenfalls zu Beginn der Bildungsmassnahme sollten das angestrebte Leistungsniveau, der zu erwartende Arbeitsaufwand sowie die dazugehörigen Modalitäten der Leistungsnachweise dargelegt und begründet werden.

- *Während der Bildungsmassnahme.* Die verschiedenen Kundentypen lassen sich in der methodischen Gestaltung einer Bildungsmassnahme adressieren. Zum einen sollten methodische Entscheidungen bewusst angesprochen und mit den Erwartungen der Studierenden in Verbindung gebracht werden. So lassen sich beispielsweise arbeitsaufwendige Projektarbeiten oder Fallstudien mit dem Wunsch nach praxisbezogenem und anwendungsnahem Lernen begründen. Zum anderen kann die methodische Ausgestaltung so gewählt werden, dass – in begrenztem Masse – individualisierte Lernpfade ermöglicht werden. Gestaltungsaufgaben, bei denen es um die Erstellung von Konzepten geht (z. B. Erstellung eines Businessplans, Entwurf eines Kurskonzepts, Konstruktion eines technischen Bauteils usw.) lassen sich sehr individuell konzipieren: Je nach individueller Orientierung können Lernende entweder reale Problemstellungen aus ihrer eigenen Lebens- bzw. Berufspraxis bearbeiten oder aber auf «künstliche» Probleme (Typ: «Zieloffene») zurückgreifen, die von Lehrenden angeboten werden.
- *Am Ende der Bildungsmassnahme.* In dieser Phase ist vor allem die Lernerfolgsprüfung entscheidend. Um hier die Akzeptanz der lernenden Kunden sicherzustellen, sollten vorab kommunizierte Leistungsstandards transparent in das Prüfungsdesign überführt und konsequent eingehalten werden. Die Leistungsüberprüfung sollte neben transparenten Beurteilungskriterien auch ein entsprechendes Feedback an die Studierenden umfassen, damit die Einschätzung der eigenen Leistung nachvollziehbar und eine gegebenenfalls kritische Leistungseinschätzung besser zu akzeptieren ist (insbesondere bei «Zertifikatsorientierten»). Zudem kann ein Teil der Prüfungsleistung aus praxisnahen Problemstellungen bestehen, die auf den eigenen Kontext angewendet werden können (insbesondere für «Berufsfixierte» und «Selbstorganisierte»).

Die hier vorgeschlagenen Strategien sind weder erschöpfend, noch können sie auf alle Bildungssituationen an Hochschulen angewendet werden. Unsere Vorschläge sollen Lehrenden vielmehr Anregungen dazu geben, wie verschiedene Ansprüche lernender Kunden eingeordnet werden können und welche Ansätze es gibt, darauf zu reagieren.

Studierende als Kunden: Eine gewinnbringende Perspektive?

Abschliessend ist zu diskutieren, welchen Beitrag die hier eingeführte ökonomische Sichtweise zur Gestaltung kommerzieller Bildungssituationen und zur Bewältigung der oben aufgeworfenen Dilemmata leisten kann. Im Kern aller vier Dilemmata steht ein zentrales Spannungsfeld, dem sich Lehrende stellen müssen: Sollen Lehrende ihre pädagogisch-didaktischen Idealvorstellungen zugunsten institutionell-ökonomischer Überlegungen zurückstellen? Konsequenzen wären beispielsweise die Anpassung von Leistungsnachweisen an das Niveau der schwächsten Studierenden (Assessment-Dilemma) oder der Verzicht auf abstraktes Grundlagenwissen zugunsten berufspraktischer Problemstellungen (Praxis-Dilemma). Oder sollen sich Lehrende Kundenansprüchen ihrer Studierenden prinzipiell verweigern und pädagogische-didaktische Normen als alleinige Handlungsmaxime gelten lassen? Konsequenzen könnten dann unzufriedene Studierende (Kunden) und – über alle Lehrenden betrachtet – ein Wettbewerbsnachteil gegenüber anderen Bildungsanbietern sein.

Der Blick auf den betriebswirtschaftlichen Diskurs zum Umgang mit Kunden hat gezeigt, dass Lösungen zwischen diesen beiden Extrempositionen möglich und sinnvoll sind. So lässt sich Kundenzufriedenheit nicht automatisch und ausschliesslich durch ein unhinterfragtes Eingehen auf Kundenwünsche erreichen. Vielmehr geht es auch in ökonomischen Kontexten häufig darum, Kunden zu aktivieren, ihre Bedürfnisse zu artikulieren, und sie zu befähigen, angebotene Leistungen effektiv zu nutzen. Übertragen auf den Bildungsbereich, ergeben sich dabei folgende Einsichten: Erstens stehen Studierende auch als Kunden in der Verantwortung, sich aktiv am Bildungsprozess zu beteiligen, um letztlich ein qualitativ hochwertiges Bildungsergebnis zu erzielen. Dies betrifft die Bestimmung individueller Bildungsziele ebenso wie das Erzielen einer hohen Signalling-Wirkung durch qualitativ hochwertige und damit auch anspruchsvolle Lehr-Lern- und Prüfungs-Methoden. Zweitens müssen die Lernenden als Kunden akzeptieren, dass sie nach bestimmten Standards geprüft und beurteilt werden. Eine *erste Konsequenz* der ökonomischen Perspektive lautet also: Nachhaltig lässt sich Kundenzufriedenheit weder dadurch erfüllen, dass bedingungslos auf alle Wünsche und Ideen Studierender eingegangen wird, noch durch das «Verschenken» von Zertifikaten. Der Wert eines Bildungsangebots ergibt sich für die Studierenden u. a. aus dessen Reputation, und diese verlangt eine hohe Bildungsqualität und konsequent durchgesetzte Leistungsansprüche.

Neben diesem Plädoyer für hohe Bildungsqualität verweist die ökonomische Perspektive aber auch darauf, dass Studierende in kommerziellen Bildungssituationen bestimmte Kundenansprüche haben und diese nachvollziehbarerweise einfordern. Die Lehrenden sind hierbei gefordert, verstärkt in einen Dialog mit den Studierenden zu treten, deren Bedürfnisse explizit aufzunehmen und dazu begründet Stellung zu beziehen. Dies bedeutet keineswegs die Aufgabe der eigenen Rolle als inhaltlicher und didaktischer Experte. Vielmehr ergibt sich als *zweite Konsequenz* der ökonomischen Perspektive, dass Lehrende verstärkt in die Pflicht genommen werden, ihr pädagogisches Handeln zu explizieren, zur Diskussion zu stellen und Entscheidungen zu begründen. Dies gilt auch und vor allem dann, wenn didaktische Entscheidungen von Erwartungen und/oder Ansprüchen der Studierenden abweichen.[4]

Literatur

Bastian, H. (2002). Der Teilnehmer als Kunde – der Bildungsauftrag als Dienstleistung. In: Bastian, H. (Hrsg.), *Pädagogisch denken – wirtschaftlich handeln: Zur Verknüpfung von Ökonomie und Profession in der Weiterbildung.* (S. 11–25). Bielefeld: Bertelsmann.

Brunner, A. (2005). Bildung – weder Ware noch Dienstleistung. Bildungstheoretische und bildungssoziologische Anmerkungen zur aktuellen Diskussion. In: Dzierzbicka, A., Kubac, R. & Sattler, E. (Hrsg.), *Bildung riskiert. Erziehungswissenschaftliche Markierungen.* (S. 245–252). Wien: Löcker.

Christensen, C. M. & Bower, J. L. (1996). Customer Power, Strategic Investment, and the Failure of Leading Firms. *Strategic Management Journal,* 17 (3), pp. 197–218.

Conger, J. A. & Xin, K. (2000). Executive Education in the 21st Century. *Journal of Management Education,* 24 (1), pp. 73–101.

4 Sporer und Jenert (2008) gebrauchen den Begriff der studentischen *Mitgestaltung* von Bildungsprozessen, um das Sowohl-als-auch von Mitbestimmungsansprüchen und Mitarbeitsverpflichtungen Studierender aufzuzeigen.

Eccles, J. S. & Wigfield, A. (1995). In the mind of the achiever: The structure of adolescents' academic achievement related-beliefs and self-perceptions. *Personality and Social Psychology Bulletin* 21, pp. 215–225.

Enkel, E., Kausch, C. & Gassmann, O. (2005). Managing the Risk of Customer Integration. *European Journal of Management,* 23 (2), pp. 203–213.

Entwistle, N. & Peterson, E. R. (2004). Conceptions of learning and knowledge in higher education: relationships with study behaviour and influences of learning environments. *International Journal of Educational Research,* 41 (6), pp. 407–428.

Erhardt, D. (2011). *Hochschulen im strategischen Wettbewerb: Empirische Analyse der horizontalen Differenzierung deutscher Hochschulen.* Wiesbaden: Gabler.

Gruner, K. E. & Homburg, C. (2000). *Does Customer Interaction Enhance New Product Success? Journal of Business Research,* 49(1), pp. 1–14.

Hachmeister, C.-D. & Hennings, M. (2007). *Indikator im Blickpunkt: Kriterien der Hochschulwahl und Ranking-Nutzung.* Gütersloh: Centrum für Hochschulentwicklung. Online: www.che.de/downloads/IIB_Hochschulwahl_und_Rankingnutzung.pdf (1.7.2012).

Heiling, J. (2003). *Studierendenzentrierte Dienstleistungen - Status Quo und Potentiale von eHigher Administration.* Gütersloh: Centrum für Hochschulentwicklung. Online: www.kuess-die-uni-wach.de/downloads/verwaltung/74_eHigherAdministration.pdf (1.7.2012).

Hippel, E. v. (1986). Lead users: A source of novel product concepts. *Management Science,* 32 (7), pp. 791–805.

Hippel, A. v. & Tippelt, R. (2009). Adressaten-, Teilnehmer- und Zielgruppenforschung. In: Tippelt, R. & A. v. Hippel, A. v. (Hrsg.), *Handbuch Erwachsenenbildung/Weiterbildung.* (S. 801–811). Wiesbaden: VS Verlag.

Lettl, C., Hienerth, C. & Gemuenden, G. (2008). Exploring How Lead Users Develop Radical Innovation: Opportunity Recognition and Exploitation in the Field of Medical Equipment Technology. *IEEE Transactions on Engineering Management,* 55 (2), pp. 219–233.

Lohmann, I. & Rilling, R. (Hrsg.) (2002). *Die verkaufte Bildung: Kritik und Kontroversen zur Kommerzialisierung von Schule, Weiterbildung, Erziehung und Wissenschaft.* Opladen: Leske & Budrich.

Narver, J. C., Slater, S. F. & MacLachlan, D. L. (2004). Responsive and proactive market orientation and new-product success. *Journal of Product Innovation Management,* 21 (5), pp. 334–347.

Neubert, S., Reich, K. & Voss, R. (2001). Lernen als konstruktiver Prozess. In: Hug, T. (Hrsg.), *Wie kommt Wissenschaft zu Wissen?* Bd. 1. (S. 253–265). Baltmannsweiler: Schneider.

Reinmann, G. & Jenert, T. (2011). Studierendenorientierung: Wege und Irrwege eines Begriffs mit vielen Facetten. *Zeitschrift für Hochschulentwicklung* 6 (2), S. 106–122.

Rudolf, K. & Zeller-Rudolf, M. (2004). *Politische Bildung – gefragte Dienstleisterin für Bürger und Unternehmen.* Bielefeld: Bertelsmann. Online: www.die-bonn.de/doks/rudolf0301.pdf (1.7.2012).

Ryan, R. M., & Deci, E. L. (2000). Self-determination theory and the facilitation of intrinsic motivation, social development, and well-being. *American Psychologist,* 55, pp. 68–78.

Sergan, N. (2009). Bundesweiter Bildungsstreik 2009: Schüler und Studierende üben demokratische Praxis. *Sozial Extra,* 33 (7–8), pp. 32–35.

Shah, S. K. & Tripsas, M. (2007). The accidental entrepreneur: The emergent and collective process of user entrepreneurship. *Strategic Entrepreneurship Journal,* 1 (1), pp. 123–140.

Small, K. (2008). Relationships and reciprocality in student and academic services. *Journal of Higher Education Policy and Management,* 30 (2), pp. 175–185.

Spence, M. (1973). Job Market Signaling. *The Quarterly Journal of Economics,* 87 (3), pp. 355–374.

Sporer, T. & Jenert, T. (2008). Open Education: Partizipative Lernkultur als Herausforderung und Chance für offene Bildungsinitiativen an Hochschulen. In: Zauchner, S., Baumgartner, P., Blaschitz, E. & Weissenbäck, A. (Hrsg.), *Offener Bildungsraum Hochschule – Freiheiten und Notwendigkeiten.* (S. 39–49). Münster: Waxmann.

Ulwick, A. (2002). Turn customer input into innovation. *Harvard Business Review,* 80 (1), pp. 91–97.

Von Matt, H. K. (2010). *Bologna-Report Fachhochschulen 2010. Stand der Umsetzung der Bologna-Reform an den Fachhochschulen.* Luzern: hvm-consulting. Online: www.kfh.ch/uploads/dobo/doku/101217%20Bologna%20Report_D.pdf?CFID=24454805&CFTOKEN=15437665 (1.7.2012).

Weinmann, D. (2007). *Student Relationship Management: Grundlagen und ein Systementwurf nach ARIS für ein Studierendenbeziehungsmanagement an deutschen Hochschulen.* Heidelberg: Ruprecht-Karls-Universität Heidelberg.

Wildt, J. (2002). Ein hochschuldidaktischer Blick auf Lehren und Lernen. In: Berendt, B., Voss, H.P. & J. Wildt (Hrsg.), *Neues Handbuch Hochschullehre* (Kap. A.1.1). Berlin: Raabe.

Tobias Jenert, Dr. rer. soc. HSG, arbeitet am Institut für Wirtschaftspädagogik an der Universität St. Gallen. Arbeitsschwerpunkte: Hochschul- und Organisationsentwicklung, Gestaltung von Bildungsprogrammen, technologieunterstütztes Lehren und Lernen.

Alexander Fust, Dr. oec. HSG, arbeitet am Schweizerischen Institut für Klein- und Mittelunternehmen an der Universität St. Gallen. Arbeitsschwerpunkte: Lehre, Executive Education, Erfa-Gruppen und Forschung in den Bereichen Unternehmertum, KMU, Frühphasen von Innovationsprozessen und Methoden, um Kundenbedürfnisse zu erkennen.

Porträt: Jürg Rohrer

Alter *50*
Vorbildung *Matura Typ C, Maschinenbau ETH, langjährige Berufserfahrung*
Weiterbildung *CAS Hochschuldidaktik, ZHE, PH Zürich*

Verfasst von Isabelle Rüedi

Lange hat es Jürg Rohrer nie an einem Ort gehalten. Nach seinem Studium an der ETH hat es den Maschinenbauingenieur schon nach kurzer Zeit in die Selbstständigkeit im Bereich Beratung verschlagen. «Ich glaube, ich habe diese extremen Wechsel gesucht», lächelt der 50-Jährige. Er brauche immer wieder neue Herausforderungen, welche sich allerdings oft ganz zufällig ergäben. So war es auch Zufall, dass ihn ein Kollege auf eine freie Dozierenden-Stelle an der ZHAW aufmerksam machte. Obwohl Jürg vorher noch nie unterrichtet hatte, bewarb er sich um den Job und steht nun regelmässig als Dozent für erneuerbare Energien vor einer Gruppe Studierender.

Der Grund, wieso Jürg Rohrer sich in seinem Alter entschlossen hat, nochmals die Schulbank zu drücken und eine Weiterbildung zu absolvieren, ist ziemlich simpel: «Nach meinem ersten Unterrichtstag kamen zwei Studierende zu mir und meinten, so könne ich nicht unterrichten.» Aus seiner Zeit an der ETH war sich der Maschinenbauingenieur typische Vorlesungen gewohnt, in welchen der Dozierende während der gesamten Zeit einen Monolog hält. So hat er dieses Prinzip auch auf seinen Unterricht angewandt – welcher allerdings einen ganzen Tag dauerte. Folglich waren die Studierenden von der Informationsfülle vollkommen erschlagen und baten Jürg, Pausen, Übungen und andere Elemente in seinen Unterricht einzubauen. «Da wurde mir klar, dass ich von Didaktik keine Ahnung habe», schmunzelt der 50-Jährige; er entschloss sich, eine Weiterbildung zu absolvieren. Da ihm dieser von einem Kollegen ans Herz gelegt wurde, fiel die Wahl auf den CAS Hochschuldidaktik des ZHE – Zentrum für Hochschuldidaktik und Erwachsenenbildung, PH Zürich.

Durch sein breites Interesse und seine Fähigkeit, sich für verschiedenste Dinge zu begeistern, fiel es Jürg nicht schwer, sich auf die neue Materie einzulassen. Zudem empfindet er die Weiterbildung nicht als wahnsinnig anstrengend. «Ich nehme es locker», meint er. Trotzdem profitiere er sehr vom Kursprogramm. Besonders interaktive Übungen hälfen ihm, den Stoff mitzunehmen. «Oder ich bekomme gleich eine Idee, was ich mit meinen Studierenden machen könnte.» Diese sichtbaren Erfolge und sein Durchhaltevermögen sind die entscheidenden Faktoren, welche Jürg immer wieder antreiben. Denn die ungewohnte Situation, in welcher er sich mit der Weiterbildung befindet, fällt ihm nicht immer leicht. «Ich war es zwanzig Jahre gewohnt, mein eigener Chef zu sein.» Da sei es für ihn schon komisch, auf einmal wieder in der Rolle eines Schülers zu sein und eine Autoritätsperson vor sich zu haben. Ausserdem leidet der Dozent nun unter den typischen Problemen eines Studierenden. «Manchmal werden wir regelrecht mit Informationen überflutet», erklärt er. Die Zeit, all diese Texte im Detail zu studieren, habe er nicht immer. Gelegentlich hefte er das Papier nur noch ab und verstaue es in einem Ordner. «Aber genau das hilft mir, meine eigenen Studenten besser zu verstehen.»

Was nach dem CAS kommt, weiss Jürg noch nicht. «Ich mache mir keine Gedanken über das Weitere.» Vielleicht sei er bis zu seiner Pensionierung Dozent – vielleicht auch nicht. Es komme halt, wie es kommt.

Renate Grau

Studierende in der Weiterbildung – Herausforderungen und Gestaltungsmöglichkeiten für die Lehre

Einführung von Olaf Stern

«Studierende sind nicht gleich Studierende». Dies ist der zentrale Leitgedanke von Renate Grau in Bezug auf die Anforderungen und Fähigkeiten von Dozierenden in der (Hochschul-)Weiterbildung. Dieser Ansatz reflektiert insbesondere die sehr heterogene Zusammensetzung der Ausbildungsgruppe in der Weiterbildung bezüglich Vorwissen und Erfahrung, die teilweise unterschiedlichen Erwartungen und Verhaltensweisen sowie die bereits erreichte Position (häufig mit Führungsverantwortung) im beruflichen Umfeld. Verbunden mit einer sehr hohen Erwartungshaltung – auch im Sinne eines «zahlenden Kunden» – stellt dies für die Lehre in der Weiterbildung und somit für die Dozierenden eine Herausforderung in besonderem Masse dar.

Renate Grau legt diese Besonderheiten mittels dreier Thesen dar und kommt zu der Folgerung –, formuliert in einer vierten zentralen These –, dass nicht alle Dozierenden gleichermassen für diese Studiengruppe geeignet sind.

Anhand von Beispielen verdeutlicht sie, wie es Dozierenden dennoch gelingen kann, den Ansprüchen der Studierenden in der Weiterbildung gerecht zu werden und wie sich darüber hinaus ganz neue Chancen für Studierende und Dozierende gleichermassen ergeben. Klassische Ansätze der Didaktik müssen differenziert genutzt werden – eine Lerneinheit in der Weiterbildung muss im Extremfall entgegengesetzt aufgebaut und durchgeführt werden wie eine inhaltlich vergleichbare Einheit in der Grundausbildung. Eine zentrale Rolle spielt hierbei der Einbezug der Studierenden in den Lernprozess: Jede Weiterbildungsgruppe muss für sich individuell erfasst werden. Lehrveranstaltungen «ab der Stange» sind in der Weiterbildung fehl am Platz.

In meiner Rolle als Dozent in der Weiterbildung in einem technischen Studiengang war es bei der Lektüre spannend zu erleben, dass die gesammelten Erfahrungen und Schlussfolgerungen von Frau Grau in Studiengängen mit einem sozialen Hintergrund und in der Führungsausbildung weitgehend deckungsgleich sind mit meinen Beobachtungen. Dies lässt den Schluss zu, dass die für die Weiterbildung dargelegten Thesen unabhängig vom Fachgebiet in der Praxis grundsätzlich ihre Berechtigung haben.

Olaf Stern, Prof. Dr.-Ing. Dipl.-Informatiker (Univ.), ist seit 1997 an der Hochschule für Technik Zürich/ZHAW als Dozent in der Weiterbildung (zunächst nebenberuflich) tätig. Seit 2008 ist er Dozent und leitet als Studiengangsleiter den Bachelor- und den Masterstudiengang in Informatik. Zuvor war Herr Stern in verschiedenen Leitungsfunktionen 13 Jahre bei der ABB Schweiz AG in der Informatik beschäftigt.

Einleitung

Dieser Beitrag befasst sich mit einer besonderen Hochschulgruppe, den Teilnehmenden in Weiterbildungsstudiengängen. Thematisiert werden deren Eigenheiten und die spezifischen Merkmale des Lehr-Lern-Settings der Weiterbildung. Im Zentrum steht die Frage, welches die Herausforderungen der Dozierenden für ihre Arbeit mit Weiterbildungsteilnehmenden sind und wie sie diesen Herausforderungen begegnen können.

Ziel ist, die Gruppe von Studierenden in der Weiterbildung näher zu untersuchen und die Besonderheiten des Lehr-Lern-Settings aufzuzeigen. Die Dozierenden sollen Hinweise und Anregungen zur Gestaltung ihrer Weiterbildungsveranstaltungen erhalten. Der Text richtet sich dabei insbesondere an solche Dozierende, die zwar Lehrerfahrung haben, aber neu in Weiterbildungsstudiengängen tätig sind. Profitieren sollen dabei nicht nur sie selbst, sondern auch die Teilnehmenden und deren Arbeitsumfeld.

Der Beitrag erläutert zunächst besondere Rahmenbedingungen von Weiterbildungsstudiengängen und fokussiert dann auf zentrale Aspekte des Themas anhand von vier Thesen. Die Thesen lauten:

- These 1: Teilnehmende in Weiterbildungsstudiengängen sind eine besondere Herausforderung aufgrund ihrer Heterogenität.
- These 2: Teilnehmende in Weiterbildungsstudiengängen haben spezielle Erwartungen und Verhaltensweisen sowie herausfordernde Studienumstände.
- These 3: Das Verhältnis zwischen Studierenden und Dozierenden in Weiterbildungsstudiengängen ist ambivalent.
- These 4: Sie ergänzt die drei vorangegangenen Thesen: Praxiserfahrung und die Kommunikation der eigenen Stärken sind Voraussetzungen für die Lehrtätigkeit in der Weiterbildung.

Darauf folgen Hinweise und konkrete Anregungen zur Gestaltung der Lehrveranstaltungen.

Der Beitrag ist geprägt vom persönlichen Erfahrungshintergrund der Autorin. Seit mehr als zehn Jahren – zunächst an der Universität St. Gallen, danach an der Berner Fachhochschule – coacht sie Lehrende und betreut Weiterbildungsstudierende aus verschiedenen Praxisfeldern, vor allem im Bereich Medien, Kommunikation, Soziale Arbeit und Gesundheit. In ihren Studiengängen zu Management, Führung, öffentlicher Verwaltung und Beratung hat sie mit diversen Teilnehmenden zu tun; darunter sind beispielsweise IT-Fachleute von internationalen Unternehmensberatungen, promovierte Spezialistinnen der Bundesverwaltung, Leiterinnen Pflege von Kantonsspitälern oder Sozialarbeiter von Gemeinden des Berner Seelands.

Ihre Sicht widerspiegelt eine spezifische Praxis der Weiterbildung an Schweizer Hochschulen, in welcher die Teilnehmenden an Weiterbildungsstudiengängen üblicherweise als «Studierende» und die Lehrpersonen als «Dozierende» bezeichnet werden.

Weiterbildungsstudiengänge – Relevanz und Hintergründe

Mit Weiterbildungsstudierenden sind in diesem Beitrag Personen gemeint, die berufsbegleitend einen öffentlich ausgeschriebenen Weiterbildungsstudiengang an einer Hochschule besuchen. In der Schweiz können mit diesen Studiengängen ECTS-Credits erreicht werden, die zu einem Abschluss mit Zertifikat, Diplom oder Weiterbildungs-Mastertitel führen. Die Finanzierung des Studiums erfolgt durch die Studierenden selbst und/oder durch deren Arbeitgeber. Nicht gemeint sind hier die Weiterbildungsangebote der Hochschulen in Form von Kursen ohne Credits und unternehmensinterne Angebote.

Allein schon die zahlenmässige Bedeutung und erst recht die gesellschaftliche Relevanz der Weiterbildungsstudiengänge rechtfertigt eine profunde Auseinandersetzung mit der Zielgruppe und den Rahmenbedingungen, in welchen sie studieren. Die Zahl der Weiterbildungsstudiengänge an Schweizer Hochschulen ist seit der Gründung der Fachhochschulen rasant gestiegen[1]

1 Die Universität Zürich listet auf ihrer Website (Stand Juli 2012) Weiterbildungsstudiengänge auf, die zu 70 Abschlüssen führen, vom Master of Advanced Studies in Ärztlicher Psychotherapie zum Zertifikat in Valuation & Taxes. Die grösste Schweizer Fachhochschule, die Fachhochschule Nordwestschweiz, weist im Juli 2012 über 50 MAS- respektive EMBA-Studiengänge aus (vgl. Übersicht aller MAS-/EMBA-Studiengänge, welche die Konferenz der Fachhochschulen KFH auf ihrer Website führt).

und mit ihr die der Weiterbildungsstudierenden. Bildungs- und gesellschaftspolitisch steht das lebenslange Lernen und das Ausschöpfen des Potenzials speziell auch der älteren Mitarbeitenden im Vordergrund: Aufgrund der sich rasch wandelnden wirtschaftlichen und technologischen Bedingungen müssen Mitarbeitende ihr Wissen bis zur Pensionierung auf dem neuesten Stand halten können und fortlaufend aktualisieren, wie dies Peter Drucker in seinen Überlegungen zur Wissensgesellschaft bereits Mitte des letzten Jahrhunderts ausführte (Drucker 1969). Dieses neue Wissen entsteht häufig an den Hochschulen, die ihre Erkenntnisse u. a. in Weiterbildungsstudiengängen an die Praxis weitergeben. Zusatzqualifikationen, z. B. im Bereich Management, bilden ein zentrales Element bei der Entwicklung von Berufslaufbahnen. Zudem eröffnet Weiterbildung Quereinsteigenden einen Zugang zu neuen Praxisfeldern und fördert die zunehmend wichtiger werdende Kompetenz, interdisziplinär zu arbeiten.

Ein paar Worte zu den Hintergründen, welche die Schweizer Weiterbildungsstudiengänge prägen: Das Schweizer Bildungssystem und der Weiterbildungsmarkt haben sich in den letzten Jahren und Jahrzehnten dynamisch entwickelt (Weber 2006). Mit der Umsetzung der Bologna-Studienreform auf Weiterbildungsstufe haben die neuen Studiengänge mit den Abschlüssen in Advanced Studies, Certificate, Diploma und Master, die früheren Nachdiplomkurse und -studiengänge an den Hochschulen abgelöst. Dank ihrer Modularisierung kommen sie dem Bedürfnis der Weiterbildungsstudierenden entgegen, flexibel zu studieren. Anknüpfend an Webers Analyse des Weiterbildungsmarktes, fällt für die Schweiz ein relativ später Bildungsschub (Tertiarisierung) in vielen Praxisfeldern und Professionen auf, so zum Beispiel in den Sozial- und Gesundheitsberufen. Insbesondere dort, wo die tertiäre Ausbildung erst seit einigen Jahren auf Hochschulstufe stattfindet, besteht nun eine starke Nachfrage an Nachqualifizierung über die Weiterbildungsstudiengänge. Dass sich gerade der Schweizer Weiterbildungsmarkt so vielfältig darstellt, hat auch mit der Kleinräumigkeit und einer starken Infrastruktur zu tun. So können – zumindest in der Deutschschweiz – selbst Nischenthemen mit einer kritischen Masse an Studierenden rechnen, weil die geografische Reichweite der Studiengänge fast den gesamten Sprachraum umspannt; auch dank dem gut ausgebauten Streckennetz und der Zuverlässigkeit der Schweizer Bundesbahnen.

Zur Vielfalt und Dynamik gibt es auch gegenläufige Zeichen: so der Trend zu Kooperationen zwischen Hochschulen mit dem Ziel, gemeinsam die nötige Anzahl an zahlenden Studierenden zu erreichen. Ob und inwieweit sich zudem der Finanzdruck der Kantone in einer Beschneidung der Weiterbildungsstudiengänge niederschlägt, wie es der Rektor der Berner Fachhochschule, Rudolf Gerber, in einem Interview im Juni 2011 ankündigte (Meier 2011), ist zum gegenwärtigen Zeitpunkt noch nicht absehbar. Dass viele Angebote entstanden sind, die mittelfristig dem Markt und der Hochschulpolitik nicht standhalten, ist zu vermuten. An der grundsätzlichen Bedeutung der Weiterbildungsstudiengänge für die Gesellschaft, die Unternehmen, die öffentliche Verwaltung, die Mitarbeitenden und nicht zuletzt für die Hochschulen selbst wird sich jedoch wenig ändern.

Die Beteiligten an Weiterbildungsstudiengängen

Nach diesem kurzen Blick auf das Umfeld der Weiterbildungsstudiengänge sollen nun die wichtigsten Beteiligten näher betrachtet werden: die Studierenden und ihre Arbeitgeberorganisationen, die Lehrenden sowie die Studiengangsleitenden und die Trägerorganisation Hochschule. Nur wenn Dozierende die Rahmenbedingungen und Erwartungen der beteiligten Personengruppen hinreichend verstehen, sind sie in der Lage, ihre Tätigkeit in der Weiterbildung optimal zu gestalten.

Die Studierenden

Weiterbildungsstudierende stehen in der Regel in einer aktiven Berufspraxis. Ihre Beweggründe für ein solches Studium sind meist eine bessere Bewältigung der aktuellen Arbeit oder eine gezielte Laufbahnentwicklung, z. B. hinsichtlich einer Übernahme von Fach- oder Führungsfunktionen oder mit Blick auf einen Wechsel in ein anderes Aufgabengebiet oder eine andere Branche. Andere Studierende sind primär an einer Nachqualifikation oder am Erhalt ihres Arbeitsplatzes interessiert.

In Anmeldeformularen zu drei Weiterbildungsstudiengängen im Jahr 2011 wurden die folgenden typischen Motivationen genannt:[2]

- Wissenserweiterung, neue Inputs erhalten,
- Hinweise zur besseren Bewältigung der aktuellen Praxisherausforderungen erhalten,
- Effizienz und Freude an der Arbeit steigern,

2 Kurzauswertung der Anmeldeformulare von zwei CAS-Studiengängen in Management und einem in Beratung. Die Studierenden arbeiten vorwiegend in den Bereichen Soziale Arbeit und Gesundheit.

- Erweiterung der fachlichen Kompetenzen, aber auch der Selbst- und Sozialkompetenzen, um Sicherheit in bisherigen Funktionen und neuen Rollen zu erlangen,
- die tägliche Arbeit auf theoretische Grundlagen abstützen können,
- einen Studienabschluss zur Aufwertung auf dem Stellenmarkt erlangen,
- sich fachlich in der eigenen Organisation positionieren,
- berufliche Veränderung beim aktuellen Arbeitgeber ermöglichen,
- Erweiterung der beruflichen Möglichkeiten.

Zu diesen explizit genannten Motivationen, bei denen die Professionalisierung und «Employability» im Vordergrund stehen, kommen solche hinzu, die erst im persönlichen Kontakt deutlich werden und emotionaler und diffuser Art sind:

- Statusgewinn,
- Belohnung, sich etwas gönnen,
- Angst und Befürchtungen hinsichtlich des Arbeitsplatzes,
- Abstand zum Arbeitsalltag, Überwindung von Frustration am Arbeitsplatz,
- Abbau der eigenen Unsicherheit gegenüber Kundinnen, Vorgesetzten und Arbeitskollegen.

Meist auch erst im direkten Kontakt genannt werden Erwartungen hinsichtlich eines besseren Einkommens.

Die Arbeitgeber der Studierenden

Die Interessen der Arbeitgeberorganisationen und Vorgesetzten am Weiterbildungsstudium liegen weitgehend im Kontext von «Lifelong Learning» und Flexibilität:[3]

- Personalentwicklung, Förderung der Mitarbeitenden,
- Transfer von neuem Wissen in den Betrieb,
- effizientere Bewältigung der betrieblichen Aufgaben,
- Erfüllung von Auflagen Dritter – z. B. Kunden, Zertifizierungsagenturen, Leistungsvertragspartner – hinsichtlich der Qualifizierung der Mitarbeitenden.

3 Vgl. auch das Positionspapier des Schweizerischen Arbeitgeberverbandes zur Aus- und Weiterbildung (Schweizerischer Arbeitgeberverband 2011).

Die Betriebe der Studierenden sind ein wichtiger, aber für die Dozierenden weithin unsichtbarer Mitspieler im Weiterbildungsstudium. Ihr Verhalten – finanzielle und zeitliche Förderung der Studierenden, Erwartungen, Belohnung, Druck usw. –, aber auch die wirtschaftliche, personelle und politische Situation wie Stellenabbau, Höhe des Weiterbildungsbudgets, Personalwechsel, Förderung von Frauen usw. beeinflusst die Situation der Studierenden, ihren Freiraum, ihre Energie und Stimmung und wirkt damit indirekt auf das Lehr-Lern-Setting ein.

Die Dozierenden

Hinter dem Begriff Dozierende, wie er hier verwendet wird, stecken Gruppen, die zwar ähnliche, aber nicht gleiche Bedingungen und Motivationen bezüglich der Weiterbildungsstudiengänge haben. Dozierende im engeren Sinn sind Angestellte der Hochschule. Als «Interne» unterscheiden sie sich von den «externen» Lehrbeauftragten, die ihren Haupterwerb in der Praxis haben. Eine dritte Gruppe bilden Dozierende anderer Hochschulen.

Bemerkenswert bei allen ist: Kaum eine/r arbeitet vollzeitlich in der Weiterbildung. Die Lehre im Weiterbildungsstudium bleibt damit für die meisten ein Engagement unter vielen. Hier liegt ein grundsätzliches Spannungspotenzial: Während für die Studierenden, insbesondere für die Selbstzahlenden, ein Weiterbildungsstudium ein besonderes, weil investitionshohes «Gut» ist, ist es für die Dozierenden, zumindest zeitlich und finanziell gesehen, «Nebensache». Wobei viele gerade dieses «nebensächliche» Engagement besonders motiviert, weil sie ihre Kenntnisse einem interessierten Publikum weitergeben können. Sekundäre Motivationen für externe Lehrbeauftragte sind der Prestigegewinn als Praktikerinnen und Praktiker, an einer Hochschule zu lehren, die Abwechslung im Berufsalltag sowie die Möglichkeit, die Studiengänge zur Akquisition von Aufträgen durch die Studierenden selbst oder deren Betriebe zu nutzen.

Die Leitenden der Weiterbildungsstudiengänge

Die Studiengangsleitenden, oft als «Studienleiterin» respektive «Studienleiter» bezeichnet, sind im Auftrag der Trägerorganisation für die Studiengänge verantwortlich. Als Angestellte der Hochschulen sind sie entweder fachlich, administrativ oder in doppelter Funktion tätig. Idealerweise sind ihre Studiengänge finanziell selbsttragend oder bringen zusätzliche Drittmittel. Anders als bei ihren Kolleginnen und Kollegen der grundständigen Bachelor- und Master-Studiengänge unterliegen ihre «Produkte» unmittelbar den Gesetzmässigkeiten des Marktes. Als Hochschulmanagerinnen und -manager haben sie Interesse daran, Studiengänge zu konzipieren, die einerseits fachlich anspruchsvoll sind und andererseits über genügend Attraktivität verfügen, um eine hinreichend grosse zahlende Kundschaft anzulocken. Oft bewegen sie sich im Spannungsfeld zwischen wissenschaftlichem Anspruch – inklusive der Frage der Zulassungsbeschränkungen und Prüfungsstrenge – und Niederschwelligkeit. Letzteres ist nicht nur aus Marktüberlegungen erstrebenswert (mehr Kundinnen und Kunden anlocken), sondern kann auch aus Professionsgründen erfolgen (Professionen ohne Hochschulstatus in der Vergangenheit mithilfe der Weiterbildung fördern).

Die Hochschulen

Mit dem Angebot von Weiterbildungsstudiengängen kommen die Hochschulen in der Schweiz ihrem Auftrag des Wissenstransfers in die Praxis nach. Prestige und Drittmittel sind eine weitere Motivation. Wie die Verantwortlichen der Studiengänge mit diesem typischen Spannungsfeld zwischen Qualität und Markt umgehen, wird von der Politik der jeweiligen Hochschule und deren Kultur mitbestimmt. Zwar gelten die Vorgaben von Bologna, den verschiedenen Zertifizierungsagenturen und vom Bund für alle gleich, aber ein Blick in die Praxis zeigt Spielräume in Interpretation und Umsetzung, insbesondere bei der Zulassung. Interessant für die Hochschulen ist dabei: Bei der Konzeption der Weiterbildungsstudiengänge verfügen sie über weitaus mehr Freiheitsgrade im Vergleich zu den grundständigen Studiengängen. Die Weiterbildungsstudiengänge sind weniger stark reguliert vonseiten der Behörden, aber auch hochschulintern. Inhaltliche und didaktische Freiheiten werden insbesondere bei den kürzeren, ein- bis zweisemestrigen CAS-Studiengängen genutzt.

Die vorangegangenen Erläuterungen mit Fokus auf Rahmenbedingungen und Beteiligte bilden den Hintergrund für die nun folgenden Thesen.

Vier Thesen zu den Studierenden, den Dozierenden und den Weiterbildungsstudiengängen an sich

Die Lehre in Weiterbildungsstudiengängen hat ihren besonderen Reiz: Dozierende können ihren Erfahrungsschatz anderen zukommen lassen, die meisten Studierenden sind hoch motiviert und bringen oft selbst wertvolle Erfahrungen mit, die unterschiedlichen Hintergründe der Studierenden laden zum interdisziplinären und interprofessionellen Austausch ein, und eine produktive Auseinandersetzung mit den Inhalten führt nicht nur zu einem erfolgreichen Lernprozess, sondern mündet auch in unmittelbarem Praxisnutzen.

Wie in fast allen Bereichen des Lebens hängt ein Gelingen auch hier von vielen verschiedenen Faktoren und Personen ab. Die folgenden vier Thesen werfen Schlaglichter auf einige Besonderheiten des Weiterbildungsstudiums und der massgeblich daran Beteiligten. Daraus werden im Folgekapitel Empfehlungen für den Gestaltungsspielraum der Dozierenden abgeleitet.

These 1: Teilnehmende in Weiterbildungsstudiengängen sind eine besondere Herausforderung aufgrund ihrer Heterogenität

Was für die Studierenden in den grundständigen Studiengängen Bachelor und Master gilt (vgl. Kiener in diesem Band), trifft auf die Teilnehmenden in der Weiterbildung besonders zu: Es ist kaum möglich, sie über einen Kamm zu scheren. In der Weiterbildung ist die Heterogenität akzentuiert, da sich die Studierenden in wesentlichen Aspekten deutlich unterscheiden:

- Erstausbildung
- Bildungsniveau
- Ausgeübter Beruf
- Branche, Wirtschaftssektor
- Alter
- Erfahrung
- Kompetenzen

In vielen Studiengängen sehen sich die Dozierenden unterschiedlichen Professions- und Branchenkulturen, Kenntnissen und Herausforderungen in der Praxis gegenüber. Insbesondere in funktionsorientierten Studiengängen (Weber 2006) ist dies der Fall, weil sie einen Branchen- und Sektorenmix forcieren. Diese Studiengänge richten sich an Personen unterschiedlicher professioneller Herkunft, die in ihrer Praxis bestimmte Funktionen wahrnehmen wie Management, Führung oder Beratung.

Hinzu kommt, dass die fachlichen und wissenschaftlichen Eingangskompetenzen in den Weiterbildungsstudiengängen oft nur minimal definiert sind.

In den (funktionsorientierten) Studiengängen der Autorin wird beispielsweise stärker als auf bestehendes theoretisches Wissen Wert darauf gelegt, dass die Studierenden zur Zeit des Studiengangs die Lerninhalte praktisch anwenden können, d. h. führend oder beratend tätig sind.

So arbeiten Dozierende mit Gruppen, deren Vorkenntnisse zum Thema stark schwanken können. Im Extremfall haben die einen keine Vorkenntnisse zum Thema und sehen darin auch keine Relevanz für ihren Arbeitsalltag, während andere damit täglich zu tun haben und selbst über Expertenwissen verfügen. Stark differieren können auch die IT-Kompetenzen, was den Einsatz neuer didaktischer IT-basierter Tools im Zusammenhang mit E-Learning oder Blended Learning erschwert.

Lernergebnisse im Sinne von angestrebten minimalen *Learning Outcomes* sind für einen Studiengang gesetzt, und die Zertifizierung bescheinigt das Vorhandensein gewisser Kompetenzen. Aber aufgrund ihrer unterschiedlichen Ausgangslage (heterogene Kompetenzprofile) werden die Lernwege und die angestrebten und letztlich auch erworbenen Kompetenzen – wenn auch einem gewissen Standard entsprechend – doch sehr individuell sein (vgl. Abbildung 1). Dies stellt hohe Anforderungen an eine Weiterbildungsdidaktik, welche diese Heterogenität berücksichtigt und Individualisierung ermöglicht.

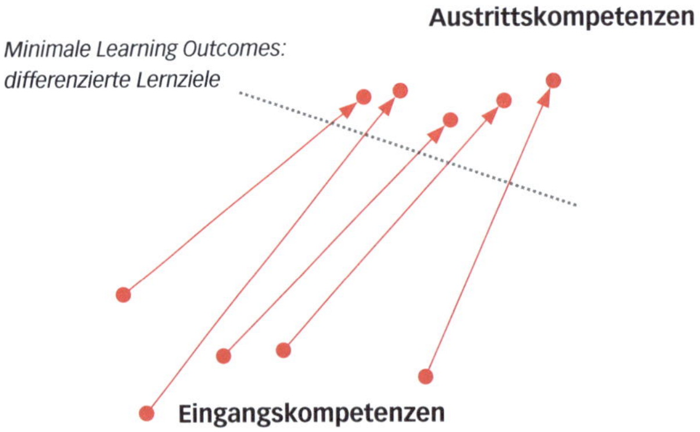

Abbildung 1 *Heterogene Profile der Eingangs- und Austrittskompetenzen*

These 2: Teilnehmende in Weiterbildungsstudiengängen haben spezielle Erwartungen und Verhaltensweisen sowie herausfordernde Studienumstände

Eine weitere Herausforderung für Dozierende in der Weiterbildung sind die Erwartungen und Verhaltensweisen der Studierenden sowie der Studienmodus.

Studierende in der Weiterbildung sind meist Praktikerinnen und Praktiker, die Wissen und Lösungen für ihre Berufspraxis suchen; oft, weil sie einen Problemdruck spüren. Sie erwarten dazu von den Dozierenden Praxisverständnis und Lösungshinweise. In diesem Zusammenhang ertönt häufig der Ruf nach «weniger Theorie, mehr Praxis». Die abstrakte Theorie erscheint dabei vielen Studierenden oft als Umweg zum Know-how, zum Wissen, wie sie ihre konkreten Probleme anpacken und bearbeiten können. Gerade die Kenntnis relevanter theoretisch fundierter Standpunkte und Modelle unterstützt aber das Entwickeln von Lösungen für neuartige Probleme sowie die Stärkung eines eigenständigen Standpunktes.

Hochschullehre bewegt sich im Spannungsfeld zwischen Fördern und Fordern. Diese klassische Herausforderung verschärft sich in der Weiterbildung und erhält eine weitere Dimension, weil die Studierenden den Lehrenden auch als zahlende Kundinnen und Kunden gegenübertreten. Verschärft wird das Spannungsfeld, wenn Studierende nicht das erhalten, was sie erwartet haben. Unter- oder Überforderung, zu wenig Inhalte oder ein unausgeglichenes Verhältnis zwischen Theorie und Know-how sind häufige Beschwerdegründe. Als zusätzliche Dimension kommen ihre Erwartungen an Dienstleistungsqualität, Service und Wohlfühlen hinzu.

Das Verhalten der Studierenden ist von ihrer Praxis geprägt. Anders als ihre Kolleginnen und Kollegen in den grundständigen und Vollzeitstudiengängen sind sie nur wenig (oder nicht mehr) hochschulsozialisiert. Das heisst, sie sind mit der Hochschulkultur und den Regeln der Hochschule wenig vertraut. Dazu zählen: die Akzeptanz einer Expertenkultur, das Sich-Einfügen in eine Gruppe, aber auch die im Bildungssystem erforderlichen Fähigkeiten wie Konzentration, «Sitzfleisch» und wissenschaftliche Denk- und Arbeitsweise sowie das Lernen an sich, Umgang mit der Stresssituation Prüfung und das Verfassen von Abschlussarbeiten. Insbesondere die summative Bewertung von Leistungsnachweisen stellt einen hohen Stressfaktor für diese Personen dar, weil sie diese Art von quantitativen Leistungsmessungen und, damit verbunden, Rankings innerhalb einer Gruppe und die Gefahr des Scheiterns seit Jahren oder Jahrzenten nicht mehr erfahren haben.

Der berufsbegleitende Modus des Weiterbildungsstudiums hat zur Folge, dass das Studium immer nur eine neben diversen anderen Verpflichtungen der Studierenden darstellt. Zudem sind die Studierenden typischerweise in einer Alterskohorte, die in vielen Lebenssphären engagierte Rollen einnimmt und an sich schon hoch belastet ist, beispielsweise bei der Versorgung von Familie oder in ehrenamtlichen Engagements. Belastungen im Beruf und Jobwechsel haben massiven Einfluss auf die Leistungsfähigkeit fürs Studium. Hier liegt ein Dilemma der Weiterbildung: Gerade in herausfordernden beruflichen Situationen ist das neue Wissen und Können besonders fruchtbar und nützlich, aber zugleich stellt die Weiterbildung ein weiteres Belastungspotenzial dar. Kumulieren sich Belastungen in den verschiedenen Lebensbereichen, und besonders bei gesundheitlichen Beeinträchtigungen, so werden Studierende das Engagement in der Weiterbildung zurückfahren. Erfahrungsgemäss findet der Verzicht zunächst im Selbststudium (Vor- und Nachbereitungsaufgaben, Abschlussarbeiten) statt. Dies auch vor dem Hintergrund, dass die mit dem Studium verbundene Qualifikation weitaus weniger entscheidend für das berufliche Fortkommen ist als die grundständige Tertiärausbildung. Wer bereits einen Hochschulabschluss erworben hat, kann zur Not wohl eher auf einen weiteren in der Weiterbildung verzichten als jemand, der sich den Akademikerstatus mittels eines grundständigen Studiums erst erarbeiten muss.

These 3: Das Verhältnis zwischen Studierenden und Dozierenden ist ambivalent

Die Rollen von Dozierenden und Studierenden in der Weiterbildung sind – im Vergleich zu den grundständigen Studiengängen – weniger klar umrissen und zudem überlagert von verschiedenen anderen Rollenkonstellationen und Einflüssen. Das Autoritäts- und Machtverhältnis ist instabil.

Grund dafür ist einerseits die von Jenert & Fust in diesem Band beschriebene Konstellation, dass Lernenden auch Kunden sind (S. 63 ff). Diese an sich schon herausfordernde Situation verschärft sich dadurch, dass die Lernenden nicht nur zahlende Kunden, sondern auch Praxispersonen sind. Sie sind nicht nur Studierende X oder Studierender Y, sondern auch Mitarbeiterin und Funktionsträger eines Unternehmens.

Die primären Rollenaufgaben des Lehr-Lern-Prozesses – Dozierende: Inhaltsexpert/in sein, Lernprozesse in Gang bringen, fördern, fordern (vgl. den «Rollenstrauss» von Thomann 2011), und Studierende: lernen, sich aktiv beteiligen – können überlagert werden von den Rollen, welche die Beteiligten «hauptamtlich» einnehmen.

Die Chancen sind hoch, dass die Beteiligten wieder aufeinandertreffen, weil die Hochschulen und Unternehmen eng zusammenarbeiten, beispielsweise in Forschung, Entwicklung und Beratung. Die Kundin ist also zugleich potenzielle Auftraggeberin und Forschungspartnerin, die Dozentin potenzielle Leiterin für ein entsprechendes Projekt. Damit gewinnen auch die Unternehmen, bei denen die Studierenden angestellt sind, als unsichtbare Mitspieler an Einfluss.

Ein weiterer Aspekt prägt das Rollenverhältnis. In der grundständigen Hochschullehre erhalten Dozierende Autorität und Macht aufgrund ihres Expertenstatus und ihrer Sanktionsmöglichkeiten. Ihre Beurteilung kann einen massiven Effekt auf die zukünftige Laufbahnentwicklung der Bachelor- und Masterstudierenden haben. In der Weiterbildung hingegen bringen die Studierenden sehr viel Erfahrungswissen mit und sind in einigen Bereichen selbst sogar Expertinnen und Experten. Auch der Altersunterschied ist kleiner, manchmal sogar umgekehrt. Die Beurteilungen sind nicht annähernd so entscheidend wie in Bachelor- und Masterstudiengängen. Dozierenden ist der hochschultypische Autoritätsstatus also nicht per se gegeben. Dies kann zur Herausforderung werden, insbesondere in der Arbeit mit «Alpha-Männchen und -Weibchen» aus autoritätsgeprägten Professionskulturen.

These 4: Praxiserfahrung und die Kommunikation der eigenen Stärken sind Voraussetzungen für die Lehrtätigkeit in der Weiterbildung

Was unterscheidet nun erfolgreiche von weniger erfolgreichen Dozierenden in der Weiterbildung? Erfolgreiche Dozierende sind zunächst «gute Dozierende» im Sinne von Brigitta Pfäfflis geforderten Eigenschaften und Verhaltensweisen wie Begeisterung, Verständnis und Interesse gegenüber den Studierenden oder Leistungsanspruch (Pfäffli 2005). Darüber hinaus sind sie Praxisexpertinnen und -experten und stark im Selbstmarketing.

Da die Praxis und die erfolgreiche Bewältigung der Praxisherausforderungen im Weiterbildungsstudium zentral sind, haben erfolgreiche Dozierende neben ihren wissenschaftlichen Kenntnissen nicht nur Praxiserfahrung, sondern auch extensiven, langjährigen Praxiskontakt. Sie sind am Puls der Zeit und können aktuelle Themen und Fragestellungen, welche die Studierenden bewegen, aufgreifen und bearbeiten. In einem fiktiven dreistufigen

Laufbahnmodell von Junior-, Senior- und Expertenstatus sind sie also keine Juniors (hohes Wissen, aber noch keine Projektverantwortung), im Minimum Seniors (Projektverantwortliche) und im Optimalfall Experts (langjährige Projektverantwortliche und Unterstützung für andere Projektverantwortliche). Als Experts sollten sie in der Lage sein, Denk- und Lernprozesse sowohl von Juniors als auch von Seniors zu begleiten. Diese idealen Dozierenden verfügen über eine hohe Authentizität, und es fällt ihnen leicht, mit Studierenden umzugehen, die in Teilbereichen über bessere Fachkenntnisse verfügen als sie selbst.

Dieser Expertenstatus ist aber nur dann funktional, wenn Dozierende ihn mit einer Handlungs- und Umsetzungsorientierung verbinden. Eine noch so gute Expertin, die sich rein mit der Analyse der Praxis, aber nicht mit der Lösung von konkreten Praxisproblemen beschäftigt, wird die Erwartungen vieler Weiterbildungsstudierender enttäuschen.

Hinzu kommt ein Verhaltensaspekt, der in der Professionskultur der Hochschule vielen nicht leicht fällt: Selbstmarketing. Wie auch in den anderen Drittmittelbereichen (Forschung, Dienstleistung) zählt hier das Sichtbarmachen der eigenen Kompetenz und der souveräne Auftritt im direkten Kontakt mit einem motivierten, aber auch kritischen Publikum. Nicht ohne Grund sind deshalb oft externe Lehrbeauftragte, welche selbstständig oder in Beratungsunternehmen mit hohem Kundenkontakt arbeiten, sehr erfolgreich in der Weiterbildung.

Die Lehre für Weiterbildungsstudierende gestalten

Was gilt es nun zu tun angesichts der vorgängig beschriebenen Erkenntnisse? Betrachten wir zunächst allgemein das Lehr-Lern-Verständnis. Danach folgen bewährte Beispiele zur Arbeit mit Weiterbildungsstudierenden aus der Praxis der Autorin.

Weiterbildungsstudierende als Koproduzentinnen und -produzenten

Das Postulat einer neuen Lehr-Lern-Kultur (u. a. Bachmann 2011) ist relevant für die Arbeit mit Weiterbildungsstudierenden, weil es auf die Aktivität der Studierenden und deren Handeln in der Praxis ausgerichtet ist. Im Mittelpunkt steht der Lernprozess und an dessen Ende die Anwendung und Reflexion des Gelernten in der Praxis. Lehre in Weiterbildungsstudiengängen ist folglich als Koproduktion zu verstehen. Nur wenn beide Seiten, Dozierende und Weiterbildungsstudierende, ihre Rolle übernehmen und ihren Beitrag leisten, wird der Praxistransfer hohen *Impact* (die eigentlich intendierte Wirkung) zeigen. Die Perspektive der Koproduktion löst auch das Dilemma Studierender versus Kunde auf und die Herausforderungen aufgrund unklarer und instabiler Autoritäts- und Machtverhältnisse. Als Koproduzentinnen und -produzenten tragen Dozierende *und* Weiterbildungsstudierende Verantwortung für die Lernergebnisse. Je transparenter dieses Ziel ist und je klarer die dazu nötigen Beiträge von beiden Seiten sind, desto besser sind die Voraussetzungen für die Lernergebnisse.

Der Lernprozess der Weiterbildungsstudierenden findet an zwei Orten statt: in der Hochschule, wo sie sich mit Lerninhalten auseinandersetzen, und dann in der Praxis, wo ihre Herausforderungen liegen, sie die neuen Kenntnisse umsetzen und Anwendungserfahrungen machen, und dann wiederum in der Hochschule, wo sie diese Erfahrungen, im Sinne von reflektierenden Praktikerinnen und Praktikern (Schön 1983), einordnen und verarbeiten können.

Abbildung 2 *Weiterbildung als Koproduktion, die in der Hochschule und der Praxis stattfindet (eigene Darstellung)*

Voraussetzung für ein Gelingen der Koproduktion ist eine hohe Rollenkompetenz seitens der Dozierenden. Dies bedeutet, dass sie in der Lage sind, ihren «Rollenstrauss» (Thomann 2011) mit seinen Facetten und Spannungsfeldern zu erkennen und zu Beginn klare Erwartungs- und Rollenklärungen mit den Studierenden durchzuführen.

Lehrveranstaltungen auf Weiterbildungsstudierende ausrichten

Wie Weiterbildungsstudierende lernen und wie Dozierende deren Lernprozess unterstützen können, ist Thema der Erwachsenenbildung und sollte im Repertoire aller sein, die mit dieser Studierendengruppe arbeiten. Dazu liefert der Anhang eine Übersicht an grundlegender und vertiefender Literatur.

Ergänzend hierzu folgen nun ausgewählte Praktiken, die sich in den Weiterbildungsstudiengängen der Autorin bewährt haben. Sie bieten die Möglichkeit, den in diesem Beitrag herausgearbeiteten Schlüsselherausforderungen des Weiterbildungsprozesses Rechnung zu tragen, und sind als Anregungen für die Dozierenden zu verstehen.

1. Informationen über die Studierenden einholen, Heterogenität managen, Erfahrungswissen nutzen

Dozierende gewinnen eine solide Grundlage für ihre Lehrveranstaltungen, wenn sie ihre Koproduzierenden und deren Ziele kennenlernen. Angesichts der Heterogenität der Studierenden bedeutet dies zunächst einen zusätzlichen Aufwand, der sich aber auszahlt. Wer sind die Studierenden, was beschäftigt sie im Zusammenhang mit den Lerninhalten, was ist ihr Stand des Wissens, und was wollen sie damit erreichen? Dies kann eruiert werden mithilfe eines kurzen (schriftlichen, elektronischen) Erstkontakts mit den Studierenden vor der eigentlichen Lehrveranstaltung oder zu Beginn einer Veranstaltungsreihe.

Damit können potenziell schwierige Ausgangssituationen auf verschiedene Weise angegangen werden, zum Beispiel:

- Das Thema an sich stösst auf wenig Interesse: In diesem Fall gilt es, ein Bewusstsein für die Praxisrelevanz zu schaffen, so anhand von Fallbeispielen (Missachtung des Themas führte zu einem grossen Schaden im Fall XY) oder durch Hinweis auf den Nutzen (Zeit- und Kostenersparnis) in konkreten und aktuellen Fällen.
- Kompetenzen und Vorwissen der Studierenden sind sehr unterschiedlich: Um die Studierenden an ihren verschiedenen Orten abzuholen, haben sich in den Studiengängen der Autorin verschiedene Ansätze bewährt. Dozierende können zunächst die minimalen Eingangskompetenzen definieren. Damit Studierende mit keinem oder wenig Vorwissen diese erreichen, kommunizieren Dozierende die Voraussetzungen rechtzeitig vorab und stellen zugleich Ressourcen, z. B. Einführungstexte oder Selbsttests, (online) zur Verfügung. In der Lehrveranstaltung selbst kann

mit dieser Vielfalt unterschiedlich umgegangen werden. Es gilt, wenn immer möglich, zu vermeiden, dass sich die Erfahrenen langweilen und Unerfahrenen überfordert fühlen. Dies kann verhindert werden, indem die Dozierenden die Kenntnisse von besonders erfahrenen Studierenden in den Lernprozess einbinden und deren Erfahrung würdigen. Dazu ein Beispiel: Im Kurs Projektmanagement finden sich Studierende, die noch keine Projekterfahrung haben, und solche mit langjähriger Erfahrung als Projektleitende. Der Dozentin gelingt es, beide Gruppen in den Lernprozess konstruktiv einzubinden, indem sie gemischte Kleingruppen anleitet, ihre jeweiligen Erfahrungen und Erwartungen in Bezug auf das Projektmanagement miteinander auszutauschen und zu reflektieren. Es funktioniert, weil dabei der Bezug zur Praxis hergestellt ist: Sowohl die erfahrene Projektleiterin als auch der Projektneuling profitieren vom Austausch, denn in der Praxis sind derartige Erfahrungsunterschiede typisch, werden aber nur selten reflektiert. Eine andere, klassische Möglichkeit besteht darin, Gruppen mit ähnlichem Wissensniveau zu bilden und ihnen Aufgaben mit entsprechend angepassten Anforderungen zuzuteilen.

2. Individuelle Lernziele formulieren und evaluieren lassen

Um dem Spannungsfeld «normierte Abschlusskompetenzen versus individuelle Bedürfnisse» gerecht zu werden, lassen Dozierende die Studierenden zu Beginn des Kurses ihre individuellen Lernziele vor dem Hintergrund der gesetzten, allgemeinen Lernziele formulieren. Im Idealfall erhalten Studierende nach Abschluss des Kurses oder nach einer bestimmten Frist Gelegenheit oder zumindest die Empfehlung, die selbst gesetzten Lernziele zu evaluieren.

Ergänzend sei angemerkt, dass das Eingehen auf die Heterogenität und die Individualisierung Grenzen haben, weil sonst das Erreichen der gemeinsamen minimalen *Learning Outcomes* in Gefahr gerät. Es scheint zwar angezeigt, die Bereitschaft zu signalisieren, den Anliegen Einzelner und der Gruppe Platz einzuräumen. Letztlich sind Dozierende aber auch in der Pflicht gegenüber der Gemeinsamkeit, sodass eine Balance zwischen der Berücksichtigung der heterogenen individuellen Bedürfnisse und dem Gemeinsamen herzustellen ist. Das Verständnis des Lernprozesses als Koproduktion entlastet zudem die Dozierenden: Sie tragen die Verantwortung für den Erfolg des Lernprozesses nicht allein auf ihren Schultern. Die Weiterbildungsstudierenden sind angesichts der Heterogenität ihrer Gruppe – von der sie insgesamt profitieren

(«Blick über den Tellerrand») – und der von ihnen selbst gesetzten Lernziele ebenso gefordert.

3. Praxistransfer fördern

Wenn Dozierende ihre Lehre im Hinblick darauf gestalten, dass die Studierenden Anwendungsmöglichkeiten für die Praxis erhalten sollen, erfüllen sie deren Erwartungen und fördern letztlich deren Handlungskompetenz.

Auch wenn die Studierenden einen starken Wunsch nach praxisnahen Konzepten und Werkzeugen äussern, sei es Dozierenden empfohlen, ein ausgewogenes Verhältnis herzustellen zwischen anwendungsfreundlichen Tools und abstrakter Theorie. Denn Letztere brauchen die Studierenden, um neuartige Herausforderungen zu bearbeiten und um übergeordnete Zusammenhänge und Hintergründe zu verstehen.

Bei der Vermittlung von wissenschaftlichen Erkenntnissen ist auf die Anschlussfähigkeit an die Praxis zu achten. Das kann zum Beispiel heissen, auf Wissenschaftsjargon und praxisferne Sprache zu verzichten oder sehr abstrakte Begriffswelten, wie beispielsweise die der Systemtheorie, zusammen mit den Studierenden mit konkreten Inhalten zu füllen.

Den Praxistransfer fördern Dozierende, indem sie nicht nur Problemlösungen an sich vermitteln, sondern auch die dafür nötigen Rahmenbedingungen (technischer, organisatorischer, persönlicher Art) erläutern und den Umgang damit. Denn die Umsetzung geschieht nicht im luftleeren Raum, sondern ist massgeblich bestimmt von den jeweiligen Praxisbedingungen, welche die Studierenden in ihren Betrieben vorfinden.

Studierende können neue Theorien, Konzepte und Werkzeuge leichter adaptieren, wenn sie dazu Beispiele positiver (Best Practice) oder negativer Art (Flops) aus der Praxiswelt erhalten. Dazu braucht es Dozierende, die aus eigener Erfahrung schöpfen können und ihr Erfahrungswissen sichtbar machen. Das Sichtbarmachen der eigenen Praxiserfahrung unterstützt zudem die Dozierenden dabei, sich gegenüber den Studierenden als Expertinnen und Experten für die Praxis zu positionieren und Autorität zu erlangen.

Im Idealfall gelingt es, das Erfahrungswissen der Studierenden bewusst einzusetzen. Im Weiterbildungsstudium lernen Studierende oft fast genauso viel von ihren Mitstudierenden wie von den Dozierenden. Der Austausch kann beispielsweise in Form von Gruppenarbeiten oder in Lernteams und Intervisionsgruppen gefördert und gefordert werden (vgl. Brunner 2011).

Transferorientierte Lernziele sind solche auf einem höheren Anspruchsniveau. Gemäss der Bloom'schen Lernzieltaxonomie (Bloom 1956) geht es nicht nur um Erinnern und Verstehen, sondern insbesondere um Anwenden, Analysieren, Gestalten und Evaluieren. Diese anspruchsvolleren Lernziele und Kompetenzstufen in einem meist knapp bemessenen Kursumfang zu erreichen, ist eine grosse Herausforderung. Didaktisch bieten sich dazu Fallstudien und Projektarbeiten an; strukturell eine Zweiteilung des Kurses. In einem zweigeteilten Kurs haben die Dozierenden die Möglichkeit, zunächst die ersten Taxonomiestufen anzuvisieren und anschliessend den Studierenden den Auftrag zu erteilen, das Erlernte an ihrem Arbeitsplatz umzusetzen. Nach einer genügend grossen Zeitspanne dazwischen können im zweiten Kursteil die Anwendungserfahrungen zusammen reflektiert, evaluiert und ergänzt werden.

Individuelles Feedback und Hinweise zur Umsetzung in der eigenen Arbeit unterstützen den Praxistransfer der Studierenden nachhaltig. Im Idealfall stehen die Dozierenden als Lernpartner und Expertinnen auch über die eigentliche Veranstaltung hinaus zur Verfügung, zum Beispiel vor oder nach der Veranstaltung, in den Pausen oder virtuell auf einer Online-Lernplattform.

Leistungsnachweise sind dann geeignet, wenn sie die Studierenden in ihrer Praxis weiterbringen. Nützlich sind Aufgaben, welche an die eigene Praxis anknüpfen oder eine Herausforderung der eigenen Praxis zum Thema machen, oder auch die Dokumentation des Praxistransfers.

4. Die Lebensumstände der Studierenden berücksichtigen

Das Weiterbildungsstudium «konkurriert» mit diversen anderen Lebensbereichen und -themen der Studierenden, wie z. B. Arbeit, Familie und Gesundheit oder Vereinstätigkeit. Manchmal müssen Weiterbildungsstudierende Prioritäten zulasten des Studiums setzen. Adäquate Strukturen erlauben, dass Studierende Alternativen zum Standardweg haben, um Lernziele zu erreichen. Dozierende schaffen diese Voraussetzungen, indem sie standortunabhängige Didaktikformen nutzen (E-Learning, Blended Learning) und antizipieren, wie Studierende, die zeitweise nicht am Kontaktunterricht teilnehmen können oder wenig Zeit fürs Selbststudium haben, den Anschluss finden können.

Fazit

Management der Heterogenität, konsequente Ausrichtung auf den Praxistransfer und die Berücksichtigung der Lebensumstände der Studierenden sind Schlüsselmassnahmen, um erfolgreiche Lernprozesse im Weiterbildungsstudium anzuregen. Dozierenden gelingt dies am besten, wenn sie über praxiserprobte Fachkenntnis verfügen, selbst hoch motiviert und authentisch sind und wiederum die Studierenden zu motivieren vermögen. Zwei Erkenntnisse gilt es vor Augen zu haben: Die Studierenden lernen an zwei Orten, in der Hochschule und in ihrem Arbeitsalltag. Und die Beziehung zwischen Studierenden und Dozierenden soll die von Koproduzentinnen und -produzenten sein, die beide komplementär Verantwortung für den Lernprozess tragen.

Für die Dozierenden mag der Aufwand nicht unerheblich sein, aber er lohnt sich: Wohl selten sonst haben sie es mit einer so interessanten, interessierten und motivierten Studierendengruppe zu tun und können die Umsetzung ihrer Lehre in der Praxis erleben.

Literatur

Bachmann, H. (2011). Hochschullehre neu definiert – shift from teaching to learning. In: Bachmann, H. (Hrsg.), *Kompetenzorientierte Hochschullehre.* (S. 12–28). Bern: hep verlag.

Bloom, B. S. (Hrsg.) (1956). *Taxonomy of Educational Objectives, Handbook I: The Cognitive Domain.* New York: David McKay Co.

Brunner, H. (2011). Intervision als Instrument der Professionalisierung und Qualitätsentwicklung. Praxis, Reflexion und Anregungen für die Hochschullehre. In: Thomann, G., Honegger, M. & Suter, P. (Hrsg.), *Zwischen Beraten und Dozieren.* (S. 145–159). Bern: hep verlag.

Drucker, P. F. (1969). *The Age of Discontinuities.* London: Heinemann.

Meier, P. (2011, 21. Juni). Studium wird 300 Franken pro Jahr teurer. *Berner Zeitung.* Online: www.bernerzeitung.ch/region/kanton-bern/Studium-wird-300-Franken-pro-Jahr-teurer/story/19200368 (1.7.2012).

Pfäffli, B. K. (2005). *Lehren an Hochschulen. Eine Hochschuldidaktik für den Aufbau von Wissen und Kompetenzen.* Bern: Haupt.

Schön, D. A. (1983). *The Reflective Practitioner: How Professionals Think in Action.* New York: Basic Books.

Schweizerischer Arbeitgeberverband (Hrsg.) (2011). *Positionspapier Aus- und Weiterbildung.* Online: www.arbeitgeber.ch/index.php?option=com_content&view=section&id=9&Itemid=10&lang=de (1.7.2012).

Thomann, G. (2011). Grundlagen der Beratung für die Hochschullehre. In: Thomann, G., Honegger, M. & Suter. P. (Hrsg.), *Zwischen Beraten und Dozieren.* (S. 12–32). Bern: hep verlag.

Weber, K. (2006). Weiterbildung an den Hochschulen: vielfältig, dynamisch und ungeordnet. *Education Permanente,* 2006 (1), S. 4–7.

Ausgewählte Bücher zur Weiterbildungsdidaktik

Siebert, H. (2009). *Didaktisches Handeln in der Erwachsenenbildung. Didaktik aus konstruktivistischer Sicht.* Augsburg: Ziel.

Das bereits in der 6. Auflage erschienene Handbuch gibt einen gut verständlichen Überblick über die Grundlagen der Erwachsenenbildung aus konstruktivistischer Perspektive. Es werden zudem didaktische Theorien knapp dargelegt sowie didaktische Modelle und Handlungsfelder sehr handlungsorientiert skizziert.

Wahl, D. (2006). *Lernumgebungen erfolgreich gestalten. Vom trägen Wissen zum kompetenten Handeln.* Bad Heilbrunn: Klinkhardt.

Dieses Buch unterstützt «theoretisch fundierte Praxis». Diethelm Wahl präsentiert einen hilfreichen Ansatz zur Entwicklung von Handlungskompetenz und stellt konkrete methodische Vorschläge zur Verfügung, wie dies in Hochschule, Schule und Erwachsenenbildung gelingen kann.

Knoll, J. (2007). *Kurs- und Seminarmethoden. Ein Trainingsbuch zur Gestaltung von Kursen und Seminaren, Arbeits- und Gesprächskreisen.* Weinheim: Beltz.

Methoden sind immer in einem Zusammenhang wahrzunehmen. Knoll gelingt es in diesem Grundlagenwerk, übersichtlich eine Vielzahl an Methoden vorzustellen – immer mit Blick auf die eigentliche Zielerreichung.

Renate Grau, Dr. oec. HSG, Diplom-Soziologin univ., ist seit mehr als zehn Jahren in der Weiterbildung tätig. Sie ist Dozentin und Studienleiterin MAS an der Berner Fachhochschule, wo sie derzeit einen MAS- und drei CAS-Studiengänge leitet.

Porträt: Sabrina Elia

Alter	*26*
Vorbildung	*Handelsmittelschule, Berufsmaturität*
Hochschule	*FHNW*
Studiengang	*Angewandte Psychologie*
Semester	*4. Semester Master*

Verfasst von Isabelle Rüedi

«Dass ich jetzt an einer Fachhochschule Angewandte Psychologie studiere, ist eigentlich purer Zufall.» Die 26 Jahre alte Studentin lächelt, die Freude über diese Fügung ist deutlich zu spüren. Sabrina Elia hat nach der Oberstufe die Handelsmittelschule besucht. Danach wusste die damals 20-Jährige nicht, wie ihr weiterer Weg aussehen sollte. «Ich hatte dann das Glück, bei der Post in ein tolles Junior-Business-Programm zu kommen.» Dadurch hatte die junge Frau Gelegenheit, in verschiedenen Bereichen des Unternehmens zu schnuppern und gleichzeitig ihre Berufsmatura zu absolvieren. Während dieser Zeit zeichnete sich für Sabrina Elia allerdings immer klarer ab: Im kaufmännischen Bereich möchte sie nicht bleiben. So wollte es der Zufall, dass eines Tages Umstrukturierungen innerhalb des Teams geplant wurden und Sabrina ein erstes Mal den Bereich der Arbeitspsychologie kennenlernen konnte. «Bis dort hätte ich nie gedacht, dass ich mal Psychologie studieren könnte. Aber das Thema Arbeitspsychologie hat mein Interesse geweckt.»

Dank dem Internet, in welchem Sabrina Elia lange nach dem richtigen Studiengang und der richtigen Hochschule stöberte, stiess sie schliesslich auf das Angebot der Fachhochschule Nordwestschweiz im Bereich Angewandte Psychologie. Nach dem Besuch der obligatorischen Infoveranstaltung war dann klar: Das ist es. «Den endgültigen Ausschlag gab die Broschüre mit der Beschreibung des Studiengangs», sagt Sabrina. Durch das wiederholte Durchblättern und Lesen hätte sie sich immer mehr dafür begeistern können.

«Das Beste an der Hochschule für Angewandte Psychologie ist die Atmosphäre», schwärmt die Studentin. Da die APS eher klein sei, würden sich die meisten Studierenden kennen, und es entstehe eine schon fast familiäre Stimmung. «Vor allem am Anfang ist das sehr praktisch», findet Sabrina. Die älteren Studierenden seien oft eine grosse Hilfe gewesen und hätten nützliche

Tipps geben können. Im Allgemeinen fühlt sich die Studentin in ihrem Studiengang sehr wohl. Die Mischung der verschiedenen Arbeitsformen wie zum Beispiel Vorlesungen, Projekte oder Selbststudium empfindet sie als ausgeglichen. Besonders die praktische Arbeit hat es der jungen Frau dabei angetan. «Ich mag es, Projekte zu machen.» Dabei könne man endlich das gelernte Wissen anwenden und erproben.

Deshalb bereitet genau das Fehlen solcher praxisnahen Tätigkeiten Sabrina Elia Schwierigkeiten. «Die Arbeitsbelastung im Studium ist hoch», erklärt sie. In manchen Phasen könne auch mal das Privatleben leiden. Wenn dann noch ein grösserer Lernblock ansteht, welcher eher theoretisch und nicht aus einem ihrer bevorzugten Gebiete ist, lässt die Motivation bei der Studentin nach. «Ich habe auch schon darüber nachgedacht, ein Zwischenjahr zu machen», gibt Sabrina zu. Schliesslich hatte sie sich dann aber immer dagegen entschieden. Den Kick fürs Weiterstudieren gab jeweils die Erkenntnis, «dass das Thema nach etwas Einlesen sehr spannend ist.» Ausserdem könne alles später in einem praktischen Bereich sehr nützlich sein. «Trotzdem bin ich immer wieder glücklich, wenn ich ein Projekt durchführen kann», lächelt die Studentin.

Als sie das Studium begann, hätte Sabrina Elia nie gedacht, dass sie einen Masterabschluss machen würde. «Eigentlich wollte ich nur bis zum Bachelor studieren.» Auf die Frage, weshalb sie nun doch weiterstudiere, meint sie nur: «Weil es mir hier gut gefällt.» Das Verlangen, nochmals Studentin zu sein und dieses Gefühl zu leben, sei ein wichtiger Ansporn für die Anmeldung an einer Fachhochschule gewesen – und das Gefühl sei immer noch da. Trotz allem freut sich Sabrina auf das bald bevorstehende Berufsleben, von welchem sie schon ziemlich klare Vorstellungen hat. «Ich möchte unbedingt in der Beratung tätig sein, da ich den Kontakt zu den Menschen brauche.» Sie würde zum Beispiel gerne Coachings in sozialen Einrichtungen wie dem RAV durchführen. «Das Gefühl, einer Person zu helfen und deren Fortschritte zu beobachten, finde ich toll», erklärt die Studentin. Auch eine Weiterbildung in Beratung und Coaching habe sie bereits ins Auge gefasst. «Aber nach dem Abschluss im Sommer gehe ich erst einmal ausgiebig reisen», sagt Sabrina mit einem verschmitzten Lächeln.

Heike Kröpke, Melanie Szabo-Batancs, Silke Bock

Investition in die Qualität der Lehre. Einsatz studentischer Tutorinnen und Tutoren am Beispiel zweier Fachhochschulen in Deutschland

Einführung von Cécile Ledergerber

Der Titel ist verführerisch: Qualitätssteigerung in der Lehre über studentische Tutoren – ein vielversprechendes Thema. Er wirft für mich als Studiengangsleiterin die Frage auf, wer davon profitiert.

Ist es die Hochschule, die durch den Einsatz von Tutorinnen und Tutoren von einem attraktiven Kosten-Nutzen-Verhältnis bei steigenden Studierendenzahlen begünstigt wird? Die Ressourcenfrage bei vollen Hörsälen und knappen Geldern ist relevant. Dass der Einsatz von Tutorinnen und Tutoren aber nicht ohne deren entsprechende Qualifizierung geht, wird im Artikel in zwei Beispielen beschrieben.

Oder sind es die Dozierenden, die in enger Zusammenarbeit mit den Tutorinnen und Tutoren regelmässig Feedback zu ihrem Unterricht erhalten, bei Verständnisschwierigkeiten adaptiv reagieren können und in der Beantwortung von Studierendenfragen entlastet werden? Auch dazu haben die Autorinnen einige Anhaltspunkte gefunden.

Sind es die Studierenden, die vom Peer-Tutoring profitieren können und in kleinen Lerngruppen kooperativ und partnerschaftlich unterstützt werden? Durch zusätzliche Lernangebote oder persönliche Beratungen profitieren? Diese Facetten werden im Artikel deutlich hervorgehoben, mit dem Hinweis auf die Wichtigkeit der Rollenklärung.

Aus meiner eigenen Erfahrung als studentische Tutorin profitieren zudem die Tutorinnen und Tutoren selbst enorm, indem sie sich dieser anspruchsvollen Aufgabe stellen. Die Auseinandersetzung mit den Fragen der Studierenden erfordert eine vertiefte, kognitive Verarbeitung des Unterrichtsstoffes und die aktive, flexibilisierte Wiedergabe auf vielfältige Problemstellungen. Zusätzlich stellen sich Tutorinnen und Tutoren kommunikativen und methodisch-didaktischen Anforderungen.

Der vorliegende Artikel bietet konkrete Hinweise zur Einführung von studentischen Tutoren und Tutorinnen. Allerdings dürfen die Anforderungen an die Selektion, Schulung und Begleitung der Tutoren und Tutorinnen nicht unterschätzt werden.

Cécile Ledergerber ist lic. phil. in Erziehungswissenschaften und arbeitet seit 2006 als Studiengangsleiterin des Bachelorstudiengangs Physiotherapie an der ZHAW. Sie hat im Rahmen ihres Studiums ein Semester als studentische Tutorin erlebt.

Einleitung

Der Einsatz von studentischen Tutorinnen und Tutoren in der Lehre ist nicht vertretbar! Sie besitzen kein umfassendes Wissen und vermitteln daher öfter Inhalte falsch.

Dieser vielfach anzutreffenden Meinung von Lehrenden werden im vorliegenden Artikel die positiven Erfahrungen zweier deutscher Fachhochschulen, der Technischen Hochschule Mittelhessen (THM) und der Hochschule Niederrhein (HN), gegenübergestellt.[1]

Dabei wird in diesem Artikel primär von sogenannten Fachtutoren ausgegangen, also von einem Ansatz, bei dem höhersemestrige Studierende zur Unterstützung von Studierenden niedrigerer Semester in der Lehre eingesetzt werden. Von Fachtutoren sind z. B. Orientierungstutoren abzugrenzen, die neue Studierende in den ersten Studienwochen ins Hochschulleben einführen, also eher eine informatorische oder sozial-organisatorische Funktion haben. Auf die unterschiedlichen Tätigkeitsfelder und Einsatzbereiche von Tutorinnen im Hochschulkontext wird auf S. 121 ff. näher eingegangen.

Tutorinnen und Tutoren haben eine wichtige Funktion als Mittler zwischen den Lehrenden und den Lernenden. Sie erkennen häufig Verständnisschwierigkeiten, die Lehrenden verborgen bleiben, da Studierende ihnen gegenüber oftmals grösseres Vertrauen haben und eher Schwierigkeiten im Lernprozess eingestehen. Im Kontakt mit Tutoren müssen sich Studierende nicht vor einer schlechten Note fürchten oder Bedenken haben, sich vor der Lehrperson zu blamieren. Tutorinnen haben die Lehrveranstaltung während ihres eigenen Studiums meistens selbst besucht, sodass ihnen die Themen und typischen Verständnisschwierigkeiten tendenziell bekannt sind. Die Tutorinnen und Tutoren können diese Schwierigkeiten mit den Lehrenden besprechen und ihnen so eine wertvolle Rückmeldung für die Verbesserung ihrer Lehre geben. Tutoren entlasten ausserdem die Lehrenden vor dem Hintergrund steigender

1 Fachhochschulen in Deutschland heissen vielfach «Hochschule für angewandte Wissenschaften» (University of Applied Sciences). Sie vergeben Bachelor- und Masterabschlüsse. Merkmale: Primat der Lehre, in der Regel im Vergleich zu Universitäten besseres Betreuungsverhältnis, hoher Anwendungsbezug, Praxisnähe und Berufsbezogenheit.

Studierendenzahlen und kürzerer Studienzeiten. Darüber hinaus unterstützt der Einsatz von Tutorinnen und Tutoren den in der Hochschuldidaktik aktuell geforderten Wandel in der Lehrkultur, den «Shift from Teaching to Learning» (vgl. Welbers & Gaus 2005; Barr & Tagg 1995). Damit sind die Wende von der Lehrendenzentrierung hin zur Lernendenzentrierung, vom Lehren zum Lernen und der Wandel der Rolle des Lehrenden hin zu jener des Lernbegleiters gemeint.

Dieser Beitrag soll zum einen die positiven Aspekte des Einsatzes von Tutorinnen und Tutoren an Hochschulen und den damit verbundenen Mehrwert für alle Beteiligten aufzeigen, zum anderen aber auch auf die möglichen Probleme bei der Arbeit mit Tutoren hinweisen. Im Folgenden werden auch Gründe vorgestellt, die gute Studierende motivieren könnten, eine Tutorentätigkeit aufzunehmen, obwohl Nebenbeschäftigungen in der freien Wirtschaft in der Regel deutlich höher bezahlt werden. Dabei kommen Tutoren, die in der Lehre tätig sind, sowie Lehrende, die sie einstellen, zu Wort. Die Tutorenprogramme der in diesem Beitrag vorgestellten Hochschulen werden erläutert. Die Hochschulen unterstützen die Tutorinnen und Tutoren in ihrer neuen Rolle und bei ihren verantwortungsvollen Aufgaben. Die verschiedenen Unterstützungsformen, die beide Hochschulen anbieten, werden gleichzeitig als Anreiz zur Übernahme einer Tätigkeit als Tutorin gesehen. Darüber hinaus ermöglicht der Einsatz von didaktisch geschulten Tutoren einen Dialog über gute Lehre zwischen Studierenden und Lehrenden, um gemeinsam eine bessere Lernkultur zu schaffen.

Vorteile des Tutoreneinsatzes an Hochschulen

Als Lernbegleiter entlasten die Tutorinnen und Tutoren die Dozenten und leisten als «Lehrende auf Zeit» (Zentrale Studienberatung der TU Dresden 2007, S. 5) ihren massgeblichen Beitrag für ein erfolgreiches Studieren. Dies ist insbesondere möglich, weil «kommunikationsintensivere Lehrveranstaltungen», zu denen Tutorien in der Regel gehören, eine grössere Auswirkung auf den Lernprozess haben und durch die Studierenden besser bewertet werden als Vorlesungen (vgl. Preisser 1993, S. 44 ff.).

Dabei sollen die Tutorinnen in ihren Tutorien nicht den Lehrstil der zugehörigen Vorlesungen kopieren, sondern vielmehr neue bzw. ergänzende methodisch-didaktische Akzente setzen, um ihre Studierenden zu motivieren und möglichst unterschiedliche Erklärungswege aufzuzeigen.

Für viele Lehrende ist der verstärkte Einsatz von didaktisch geschulten Tutorinnen noch ungewohnt. Während sich bisher ausschliesslich die Dozenten für die Lehre verantwortlich sahen, entstehen in und durch Tutorien neue, eher partnerschaftliche Dialogstrukturen rund um den Lehr- und Lernprozess. Einerseits wird dadurch eine Klärung der Rollen und Verantwortlichkeiten im Zusammenhang mit Lernbegleitung und -beratung notwendig, andererseits kann diese vertrauensvolle Kooperation die Neu- und Weiterentwicklung von Lehr- und Lernformaten begünstigen.

Der Tutor fungiert in diesem Gefüge zwischen hauptamtlich Lehrenden auf der einen und Studierenden auf der anderen Seite als wichtiges Bindeglied im Hinblick auf ein erfolgreiches Studium und die Qualität der Lehre. Tutorinnen erhalten durch diese Art der Zusammenarbeit ausserdem Einblicke in die Strukturen und die Organisation der Hochschule. Dabei wird es zunehmend notwendig werden, die Arbeitsteilung im Kontext der Lehre zwischen Dozierenden und Tutoren noch besser als bisher aufeinander abzustimmen.

Der fachliche und didaktische Austausch zwischen Lehrenden und studentischen Tutoren hat, wenn er «auf Augenhöhe» geführt wird, weitere Vorteile: Durch Gespräche mit den Tutorinnen und Tutoren erhalten Lehrende ein realistischeres Bild des tatsächlich Verstandenen oder auch der noch vorhandenen Verständnislücken ihrer Studierenden. Die Studierenden wiederum profitieren durch die Zusammenarbeit von Lehrenden und Tutorinnen, weil dadurch die studentische Perspektive stärker berücksichtigt wird.

Eine tutorengestützte, lernendenorientierte Lehre wirkt sich also auf die Lernenden und auf die Tutorinnen positiv aus. Während bei der ersten Gruppe Leistungsbereitschaft und Lerneffizienz gesteigert werden, was zu einem nachhaltigen Lernen führen kann, erweitern die Tutoren durch das didaktische Prinzip «Lernen durch Lehre» ihre persönlichen, sozialen, methodisch-didaktischen Kenntnisse sowie ihr Fachwissen durch die Vermittlung von Inhalten (vgl. Hitziger & Dailidow o. J., S. 121 f.).

Ein weiterer Mehrwert von Tutorien besteht in der Schaffung einer studentischen Kultur des kooperativen Lernens. Denn «nach dem aktuellen Kenntnisstand gelingt kooperatives Lernen vor allem dann, wenn nicht nur Lernergebnisse, sondern auch Lernprozesse und Lernverhalten Beachtung finden» (Konrad & Traub 2008, S. 7). So finden in kleinen Tutoriengruppen eine systematische Förderung und eine gezielte Prüfungsvorbereitung statt. Daneben können Studiertechniken erworben und Selbstlernkompetenz aufgebaut werden. Im Idealfall kann so über den Einsatz von Tutorien eine Kultur des eigenverantwortlichen und selbstorganisierten Lernens und Studierens etabliert werden: Tutorinnen regen aktives Lernen an und unterstützen Gruppenprozesse.

Es besteht auch die Möglichkeit, dass durch den Einsatz von Tutorinnen nicht nur bessere Studien- und Prüfungserfolge erzielt werden, sondern auch dem Studienabbruch frühzeitig entgegengewirkt werden kann, sodass sich die Absolventenzahlen in der Regelstudienzeit erhöhen. Denn Tutorinnen und Tutoren können leistungsschwächere Studierende gezielt unterstützen, etwa durch zusätzliche Übungsmöglichkeiten oder persönliche Beratungen. Der Einsatz von Tutorinnen an Fachhochschulen kann angesichts der zunehmenden Heterogenität der Studierenden (vgl. den Beitrag von Kiener in diesem Band) nur förderlich sein. So können z.B. ausländische Studierende, Studierende aus hochschulfernen Milieus *(first generation students)* oder auch berufstätige Studierende jeweils gezielt aufgrund ihrer konkreten Bedürfnisse unterstützt werden.

Mögliche Probleme des Tutoreneinsatzes an Hochschulen

Das vorangehende Kapitel hat gezeigt, dass der Einsatz von studentischen Tutoren viele Vorteile aufweist. Dennoch können an einigen Stellen Probleme auftreten, die im Folgenden näher betrachtet werden. Dabei wird ein differenziertes Bild der beteiligten Akteursgruppen gezeichnet: der Tutorinnen und Tutoren, der Lehrenden sowie der Hochschule als des institutionellen Akteurs.

Akteur: Tutor

Die Tutorenrolle

Die Übernahme der neuen, verantwortungsvollen Rolle fällt erfahrungsgemäss vielen studentischen Tutoren nicht leicht. Einerseits sind sie noch Studierende und damit zum grossen Teil selbst in der Lernendenrolle, andererseits üben sie mit der Übernahme der Tutorenrolle im Rahmen des Tutoriums eine lehrende Funktion aus. Sie sitzen daher in vieler Hinsicht «zwischen Stuhl und Bank».

Bezüglich dieser Rollenklärung sind Tutorinnen anfänglich oft der Meinung, dass sie in ihrer Lehrendenrolle eher autoritär agieren müssen. Dies ist verbunden mit der Befürchtung, von den Studierenden nicht respektiert zu werden. Direktiv agierende Tutoren neigen aber dazu, den Studierenden wenig Raum zur Mitbestimmung bezüglich der Lehrmethoden und der zu besprechenden Aufgaben zu lassen und damit eher eine passive Haltung der Studierenden zu fördern. Dies kann einerseits durch die eigene Unsicherheit in der Anwendung unterschiedlicher Methoden und andererseits durch eigene Erfahrungen einer dozentenzentrierten Ausrichtung von Lehrveranstaltungen bedingt sein. Eine kollegiale Atmosphäre ist aus Sicht solcher Tutorinnen eher hinderlich, da dies einerseits die Konzentration stören, andererseits aber auch bedeuten könnte, dass sie ihre Studierenden nicht «im Griff» haben. Dabei trifft das Gegenteil zu: Eine offene, wertschätzende und unterstützende Lernatmosphäre stärkt die Motivation zum Lernen, gerade in Tutorien. Diese Einsicht gewinnen die Tutoren meist erst mit zunehmender Erfahrung in ihrer Lehrtätigkeit und durch Reflexion in Tutorenschulungen.

Bisher gibt es kein eindeutig beschriebenes Profil der Tutorenrolle, etwa im Hinblick auf Aufgaben, Haltungen und Einstellungen. Die Autorinnen dieses Artikels gehen aber im Sinne des «Shift from Teaching to Learning» von einem Bild der Tutoren als Lernbegleitende aus, welche die Studierenden dabei unterstützen, ihren eigenen Lernprozess aktiv und selbstbestimmt zu gestalten.

Demgegenüber besteht durchaus die Anforderung, dass Tutorien eine gewisse Verbindlichkeit aufweisen sollen. Grenzen setzen ist in diesem Zusammenhang ein wichtiges Prinzip, ohne das die Arbeitsdisziplin der Studierenden je nach Gruppenkonstellation rapide abnehmen kann. Gewisse Spielregeln sind zudem vielfach auch für eine gute Lernatmosphäre wichtig. Die Rolle des Lernbegleitenden sieht aber vor, den Studierenden im Rahmen des «Shift from Teaching to Learning» auf Augenhöhe zu begegnen. Die Vorteile dieser Haltung wurden bereits im vorangehenden Kapitel aufgezeigt.

Kurzum: Die Tutorin ist idealerweise eine Lernbegleiterin mit Leitungsfunktion. Diese Haltung einzunehmen, ist für viele Tutorinnen zu Beginn nicht ganz leicht. Deshalb ist es für neue Tutorinnen und Tutoren wichtig, im geschützten Raum mit entsprechendem Feedback zu üben und ein angemessenes Verständnis ihrer Tutorenrolle zu entwickeln. Dies kann etwa im Rahmen von hochschuldidaktischen Qualifizierungskursen erfolgen, wie sie ab S. 118 ff. beschrieben werden.

Neben dem Rollenverständnis gehört eine Vielzahl verschiedener Aufgaben zur Tutorentätigkeit, die vielen nicht bewusst ist. Die Reflexion dieser Rolle ist daher ein wichtiger Bestandteil der didaktischen Einstiegsqualifizierungen für Tutorinnen, die von Universitäten und Fachhochschulen des

«Netzwerks Tutorienarbeit an Hochschulen»[2] angeboten werden. So bildet im Tutorenhandbuch von Knauf (2005, S. 137) die Thematisierung der Rolle den ersten Gegenstand eines erprobten Konzepts einer Einführungsveranstaltung für Tutoren. Auch ein von Wim Görts (2011, S. 50) entwickeltes Schulungskonzept für Tutoren der Informatik widmet sich zu Beginn der Qualifizierung einer kritischen Auseinandersetzung mit der Tutorenrolle.

Qualifizierungsmassnahmen und Prozessbegleitung

Mit Qualifizierungsworkshops «wird den Tutoren eine konkrete Hilfestellung bei der Bewältigung ihrer lehrenden Tätigkeit gegeben, die den Erfolg der Tutorien gewährleistet bzw. optimiert. (...) Über das notwendige Know-how zur Leitung einer Gruppe muss ebenso verfügt werden wie über methodisch-didaktisches Handwerkszeug» (Kröpke 2008, S. 222).

In den Qualifizierungsworkshops für Tutorinnen und Tutoren werden gewöhnlich deren Befürchtungen und Probleme bezüglich ihrer Tutorentätigkeit besprochen. Die Tutoren erhalten dabei teilweise die Möglichkeit, Handlungsmöglichkeiten einzuüben oder zumindest zu reflektieren.

Auch bei den besten Qualifizierungsmassnahmen kann nicht ohne Weiteres davon ausgegangen werden, dass Tutorinnen das Gelernte direkt in die Praxis umsetzen können. Ohne ausreichende Betreuung durch Lehrende oder Didaktiker können studentische Tutorien mitunter trotz des vorherigen Besuchs einer Tutorenschulung das eigentliche Ziel verfehlen. Die Tutorenprogramme der Hochschulen sehen deshalb meist zusätzlich zu den Workshops eine Prozessbegleitung der Tutorinnen in Form von Sprechstunden, Hospitationen,[3] Reflexionsworkshops o. Ä. vor. Obwohl die Workshops einen Raum zum direkten Üben von Inhalten (z. B. Gestaltung von Anfangssituationen, Verhalten in einer bestimmten Problemlage usw.) geben und den Teilnehmenden eine gute Grundlage bieten, ist der Transfer in die Praxis mit einer besonderen Leistung der Tutorinnen verbunden. Erfahrungen, u. a. an der Technischen Universität Darmstadt, zeigen, «dass nur ein kleinerer Teil

2 Das Netzwerk «Tutorienarbeit an Hochschulen» dient der umfassenden Auseinandersetzung mit und der Weiterentwicklung von Tutorienarbeit an Hochschulen (Fachhochschulen und Universitäten) in Deutschland. Es bemüht sich um Qualitätsstandards für unterschiedliche Tutorienformate sowie eine einheitliche Zertifizierung der verschiedenen Tutorenqualifizierungen und sucht den Dialog mit Hochschulpolitikern. An den beteiligten Hochschulen finden regelmässige Netzwerktreffen zum Erfahrungsaustausch und für thematische Arbeitsgruppen statt. www. tutorienarbeit.de

3 Hospitationen werden im didaktischen Bereich als Beobachtungen der konkreten Lehrsituation, z. B. Tutorium, mit anschliessendem Feedback und daraus resultierender positiver Entwicklung des Lehrens verstanden.

der ausgebildeten Tutoren tatsächlich in der Lage ist, im ersten Anlauf die behandelten, teilweise eingeübten didaktisch-methodischen Vorgehensweisen erfolgreich umzusetzen» (Görts 2011, S. 8).

Denn die Probleme, mit denen Tutorinnen konfrontiert werden, sind - wie in jeglichen Lehr-Lern-Situationen - sehr komplex. So müssen gelegentlich bewährte Routinen durchbrochen werden, oder in Schulungen aufgezeigte Handlungsmöglichkeiten können in einer bestimmten Situation nicht angewendet werden. Durch das konkrete Feedback zum Lehrgeschehen, z.B. in Form einer Hospitation, das direkt auf die Tutoriumssituation bezogen ist, können solche Situationen reflektiert und bearbeitet werden. In diesem Kontext können die didaktischen Workshops als «Kick-off» gesehen werden, der Handlungsalternativen aufzeigt und damit erste Grundlagen für erfolgreiches Handeln legt; für eine wirksame und situationsbezogene individuelle Hilfestellung ist hingegen eine Prozessbegleitung sinnvoll.

Selbstverständlich gibt es auch Tutoren, die bereits Erfahrungen z.B. im Bereich der Nachhilfe oder in Form eines Ausbilderscheins mitbringen. Diesen fehlt allerdings oft der lerntheoretische Hintergrund und das Wissen über Rahmenbedingungen der Hochschule, z.B. die geforderte Lernendenorientierung. Von erfahrenen Tutorinnen, die an der Qualifizierung teilnehmen, ist deshalb oft zu hören, dass sie einige Aspekte bisher rein intuitiv angewendet, sie sich aber nun bewusst gemacht hätten. Durch solche Reflexionsprozesse im Hinblick auf gute Lehre werden Tutorinnen und Tutoren zu «reflective practitioners» (vgl. Schön 1983), die ihr Lehrverhalten zielbewusst einsetzen, es aber bei Bedarf auch überdenken und revidieren können.

Akteur: Lehrende

Betreuungsaufwand für Tutoren

Tutorinnen werden oft aufgrund ihrer Entlastungsfunktion von Lehrenden eingesetzt. Allerdings darf der Betreuungsaufwand für Tutoren nicht unterschätzt werden. Zu Beginn des Semesters sind wöchentliche Treffen mit den Tutorinnen sehr wichtig: In den ersten Wochen benötigen sie erfahrungsgemäss verstärkten Austausch, beispielsweise über den organisatorischen Ablauf, «Dos und Don'ts» ihrer Rolle, fachliche Fragen zu Aufgaben bzw. Musterlösungen. Tutoren, die keinen (regelmässigen) Kontakt zu ihrer Dozentin haben, können sich gerade in der Anfangsphase ihrer Tätigkeit orientierungslos fühlen. Dabei ist ein regelmässiger Kontakt auch ein Gewinn für die Dozierenden, die durch die Tutorinnen aus einer anderen Perspektive zeitnahes Feedback zu ihrer Lehre erfahren, z. B. ob die Studierenden bei der Bearbeitung ihrer Aufgabenblätter Probleme haben oder gut voranschreiten können. So wird es für die Dozierenden möglich, unmittelbar in ihrer nächsten Vorlesung auf Probleme einzugehen.

Einige Lehrende bemängeln, dass sich durch die regelmässigen Treffen ihre zeitliche Entlastung reduzieren würde. Erfahrungen zeigen aber, dass dieser Mehrgewinn dennoch erhalten bleibt: Subtrahiert man z. B. von den Übungen in einem zeitlichen Umfang von dreimal zwei Semesterwochenstunden, die vorher der Dozent durchführte, ein wöchentlich einstündiges Treffen mit Tutorinnen und Tutoren, bleibt immer noch ein deutlicher Überschuss an Zeit.

Sehr gute Noten – (k)eine hinreichende Einstellungsvoraussetzung

Wie im vorhergehenden Kapitel bereits beschrieben, wählen Lehrende ihre zukünftigen Fachtutoren überwiegend aufgrund sehr guter Fachnoten aus (vgl. Görts 2011, S. 6). Leider ist der Umkehrschluss, dass diese Tutoren Inhalte gleichermassen gut vermitteln können, nicht immer zutreffend. Gelegentlich kann es notenbezogen sehr guten Studierenden sogar schwerer fallen, auf Studierende mit einer geringeren Lerngeschwindigkeit einzugehen. Für Kai Bruchlos, Professor für Mathematik an der THM, ist deshalb eine wesentliche Kompetenz von potenziellen Tutoren, Studierenden Inhalte gut erklären zu können. Diese Fähigkeit ist für ihn ausschlaggebend für eine Anstellung.

Grundeinstellung der Lehrenden

Tutorinnen und Tutoren können in besonderer Hinsicht durch eine nach wie vor bestehende Abhängigkeit gegenüber den Dozenten in einen Konflikt geraten: Einerseits sind sie angestellt für die Durchführung eines Tutoriums, zugleich können sie aber auch selbst noch als Prüflinge ihren Dozentinnen gegenüberstehen. Dies hat zur Folge, dass die Tutoren mitunter entgegen dem, was sie als methodisch richtig in einer Tutorenqualifizierung gelernt haben, eher die Wünsche und Vorstellungen der Lehrenden im Tutorium umsetzen. Die Haltung, es den Lehrenden «recht machen» zu wollen, kann dabei unter didaktischen Aspekten geradezu kontraproduktiv sein. Um dem entgegenzuwirken, ist eine offene, zugewandte und kooperative Grundeinstellung der Lehrenden erforderlich. Dies fördert zugleich die gemeinsame Verantwortung von Tutoren und Lehrenden (im Sinne eines Lehrteams) in Bezug auf die Weiterentwicklung der Lehre.

Erfahrungen mit dem Einsatz von Tutoren in den Ingenieurwissenschaften

Dipl.-Ing. Heinz-Gerhard Schöck ist wissenschaftlicher Mitarbeiter am Fachbereich Maschinenbau und Energietechnik der TH Mittelhessen. Er setzt seit vier Jahren studentische Tutorinnen ein, um die Betreuungsdichte während Übungen im Labor zu verbessern und eine niederschwellige Hilfe anzubieten.

Die Akquise seiner zukünftigen Tutorinnen erfolgt durch persönliche Ansprache von Studierenden, die in den Vorlesungen und Übungen positiv «aufgefallen» sind, und durch öffentliche Aushänge. Allerdings erweist es sich als sehr schwierig, bei «vollen» Stundenplänen geeignete Studierende zu finden. Wenn möglich, versucht Schöck daher, die Übungs- oder Laborzeiten so anzupassen, dass die eingestellten Tutorinnen einen freien Zeitraum für ihre Tätigkeit haben und möglichst alle Studierenden an den Tutorien teilnehmen können. Heinz-Gerhard Schöck setzt bei seinen Tutoren Engagement und gute Fachkenntnisse voraus. Für ihn sind didaktische Fähigkeiten sehr wichtig. Er setzt sich daher für deren Förderung ein und unterstützt die Teilnahme seiner Tutorinnen an einer Tutorenqualifizierung.

Bei parallel stattfindenden Übungen sind sie selbstständig tätig – sie leiten eigenverantwortlich Übungen. Heinz-Gerhard Schöck gibt fachliche Einweisungen in die Übungen und Ratschläge zur Durchführung – allerdings können die Tutorinnen diese individuell umsetzen. Als Unterstützung erhalten sie Arbeitshilfen, in denen neben den Inhalten Lernziele und Methoden einzutragen sind. Darüber hinaus betreut Schöck sie begleitend zu den Übungen als Ansprechpartner und Coach.

Schwierigkeiten können seiner Meinung nach entstehen, wenn Tutorinnen und Tutoren nur zeigen wollen, was sie können, statt die Studierenden auf ihrem eigenen Lösungsweg zu begleiten, oder wenn sie nicht auf konkrete, neue Fragen aus der Studierendengruppe eingehen können. Hier kann seines Erachtens die Qualifizierung von Tutoren in Kombination mit einer Hospitation Abhilfe schaffen.

Bedingungen für einen erfolgreichen Einsatz von Tutorinnen sieht er in fachlich versierten und didaktisch gut geschulten Tutorinnen. Die Vereinbarkeit von Studium und Beruf müsse zudem gewährleistet sein. Darüber hinaus sollte ein ideeller Mehrwert für die Studierenden, die solch einer Tätigkeit nachgehen wollen, vorhanden sein.

Akteur: Hochschule

Verträge

Schon die Einstellung von Tutoren ist oft durch lange und umständliche Wege gekennzeichnet. An einigen Hochschulen ist auch erst eine Einstellung von Tutoren ab dem dritten Semester möglich. Grundsätzlich ist es wünschenswert, einen längerfristigen Tutoreneinsatz auch im Rahmen der Bachelorstudiengänge anzustreben. Dadurch hält sich auch der Aufwand für die Gewinnung und Einarbeitung neuer Tutorinnen in einem vertretbaren Rahmen.

Rahmenbedingungen

Nicht alle Hochschulen unterstützen den Einsatz von Tutorinnen durch den Aufbau von zentralen Einrichtungen, in denen gemeinsam mit den Fachbereichen die Entwicklung von entsprechenden Qualifizierungsmassnahmen erfolgt. Der Aufbau und letztendlich eine Implementierung von Tutorenprogrammen kann nur Erfolg versprechend sein, wenn insbesondere die Fachbereiche, aber auch das Präsidium/Rektorat und die Verwaltung die Massnahmen als sinnvoll und «must have« erachten.

Überfüllte Tutorien

Gelegentlich sind Tutorien hoffnungslos überfüllt und bekommen somit schnell den Anstrich einer Vorlesung. Hochschulleitung, Fachbereiche sowie Professoren, die Tutoren einstellen, sollten darauf achten, dass es kleine Lerngruppen gibt, damit wirklich teilnehmerorientiert gearbeitet werden kann.

Anreize für eine Tutorentätigkeit

Das Engagement und die Einsatzbereitschaft von Tutorinnen und Tutoren müssen neben den Verträgen, die mit den jeweiligen Hochschulen abgeschlossen werden, in angemessener Form honoriert und kreditiert werden. Sollen fachlich fähige Tutorinnen oder auch solche mit einer bereits abgeschlossenen Berufsausbildung, die in der Wirtschaft deutlich mehr Geld verdienen können, gewonnen werden, müssen Anreizsysteme in besonderem Masse geschaffen werden.

Folgende Ansätze werden bereits erfolgreich praktiziert, wenn auch von Hochschule zu Hochschule unterschiedlich:

ECTS-Punkte

Für die Teilnahme an Qualifizierungsangeboten in Verbindung mit einer Tutorentätigkeit können Tutorinnen ECTS-Punkte im Rahmen eines Wahlpflichtmoduls erlangen, die in ihrem Fachstudiengang anrechenbar sind. An der THM wird z. B. das Modul «Methoden und Didaktik für Tutorinnen und Tutoren» angeboten.

Teilnahmebescheinigung

Tutorinnen und Tutoren, die an den Qualifizierungsmassnahmen teilnehmen, erhalten eine Teilnahmebescheinigung, aus der hervorgeht, welche Inhalte bearbeitet wurden. Titel, Inhalte, Methoden und Umfang der Veranstaltung sollten deutlich werden.

Zertifikat

Werden verschiedene Module einer Qualifizierung absolviert, können die Tutoren ein Zertifikat erwerben, wie z. B. an der HN. Damit wird dokumentiert, dass die Tutorin umfassend geschult wurde. Einzelheiten werden dabei detailliert aufgelistet, und erworbene berufsrelevante Kompetenzen werden expliziert. Qualitätsstandards müssen hierzu entwickelt und hochschulintern transparent gemacht werden.[4]

Die Zertifizierung bietet den Tutorinnen sowohl eine umfassende Qualifizierung für ihre lehrunterstützende Tätigkeit als auch ein Angebot zur Entwicklung von sozialen, methodischen und persönlichen Kompetenzen (Soft Skills), mit denen sie ihr Profil ausbauen können. Im Berufsleben findet dies in der Regel grosse Anerkennung.

Mitunter stellen auch Professorinnen ihren besonders engagierten Tutoren eine qualifizierte Bestätigung ihrer Tätigkeit[5] aus. Auch dies kann hilfreich für spätere Stellenbewerbungen sein.

4 Während das Zertifikat eher pädagogisch-didaktische Kompetenzen bzw. den Erwerb von Schlüsselqualifikationen hervorhebt, kann nur die entsprechende Lehrkraft die fachliche Kompetenz bescheinigen – wobei eine solche Bescheinigung auch in ein Zertifikat integriert werden kann.

5 In der Schweiz würde man von einem Arbeitszeugnis sprechen.

Vergabe eines Tutorenpreises

Mit der Vergabe von Tutorenpreisen können Lehrleistungen prämiert werden. Tutorinnen und Tutoren werden somit für ihre Tätigkeit und ihr Engagement zur Verbesserung der Qualität der Lehre ausgezeichnet. Während Lehrpreise schon länger verliehen werden, ist die Vergabe von Tutorenpreisen sicherlich eher innovativ. Die HN nimmt diesbezüglich eine Vorreiterrolle ein: Hier wurde 2011 erstmalig ein Tutorenpreis verliehen, der zukünftig einmal im Jahr vergeben wird. Die feierliche Vergabe des Tutorenpreises findet im Rahmen eines Empfangs für Tutoren durch den Vizepräsidenten für Lehre und Studium statt. Die Preisträger erhalten neben einer Urkunde einen Sachpreis (vgl. www.hs-niederrhein.de/integrative-kompetenz-zik/tutorenprogramm/tutorenpreis/).

Empfang durch die Hochschulleitung

Indem die Hochschulleitung die Tutorinnen zu einem offiziellen Empfang einlädt, wird ihre qualifizierte Arbeit noch einmal ganz besonders gewürdigt. Aber nicht nur der Dank an die engagierten Mitgestalter der Lehre steht hier im Mittelpunkt, sondern auch der intensive Austausch innovativer Ideen im Rahmen des Tutorenprogramms.

Interdisziplinärer Austausch

Im Rahmen von Qualifizierungsseminaren ergibt sich idealerweise eine transdisziplinäre Vernetzung. Diese kann gezielt gefördert werden, indem sich Tutoren verschiedener Studienrichtungen zu einem «kollegialen» Austausch treffen, den sie während des Semesters weiterführen können. An der THM findet am Ende eines jeden Semesters ein Reflexionstreffen für Tutoren statt. Hier erfolgt eine Rückschau auf das vergangene Semester.

Erwerb von überfachlichen Kompetenzen

Ein weiterer, sicherlich eher indirekter Anreiz besteht darin, dass die Tutorinnen durch die Teilnahme an Schulungen flankierend noch zusätzliche wertvolle Kompetenzen, wie z. B. Sozial-, Methodenkompetenzen und persönliche Kompetenzen, erwerben. Nicht nur in der Tutorentätigkeit lassen sich diese Soft Skills einsetzen und weiterentwickeln, sondern auch ganz allgemein im Studium und im späteren Berufsleben.[6]

6 Mitunter werden Hochschulabsolventen aufgrund ihrer fehlenden Soft Skills kritisiert (vgl. Eggert 2008, S. 158). Die in den Tutorenqualifizierungen sowie durch Ausübung einer Tutorentätigkeit

Schliesslich erfahren Tutorinnen und Tutoren über die hier genannten Aspekte hinaus während ihres Studiums auf vielfältige Weise eine besondere Wahrnehmung und individuelle Förderung durch die Lehrenden, mit denen sie eng zusammenarbeiten. Auch dies sind Motivationsgründe, sich für die Aufnahme einer Tutorentätigkeit mit entsprechender Qualifikation zu entscheiden.

Tutorenprogramme an zwei ausgewählten Hochschulen

Tutorinnen leisten, wie bereits dargelegt, eine wichtige Unterstützung der Hochschullehre. Deshalb sollten sie auch selbst Unterstützung durch geeignete und systematische Qualifizierungsangebote erfahren. Während die Tutoren meist ein sehr gutes Fachwissen mitbringen, haben sie in den seltensten Fällen Erfahrungen in der Lehrtätigkeit und werden von ihren Fachbereichen meist nicht darauf vorbereitet. So traf die folgende Aussage bis vor Kurzem noch auf die meisten deutschen Hochschulen zu: «TutorInnen sind eine wichtige Stütze für das Lehren und Lernen an Hochschulen geworden. Doch welche Stütze gibt es für die TutorInnen? Der Normalfall ist: keine» (Knauf 2005, S. A).[7]

Die THM und die HN (sowie viele weitere Hochschulen des Netzwerks Tutorienarbeit) haben deshalb je ein umfassendes Tutorenqualifizierungsangebot entwickelt. Durch diese Qualifizierungsmassnahmen werden die Tutoren mit wesentlichen Techniken einer teilnehmerorientierten Didaktik vertraut gemacht: So sollen Inhalte nicht nur «konsumiert», sondern auch interaktiv erlebt werden. Impulsreferate zu theoretischen Hintergründen und adressatengerechte Methoden sind wichtige Bestandteile. Hierzu gehören Einzel-, Paar- und Kleingruppenarbeit, Diskussionen, Simulationen sowie Übungen.

Damit sollen die Tutorinnen

- neue lernpsychologische und didaktische Ansätze kennenlernen,
- neu erworbene Informationen mit Vorwissen bzw. Erfahrungen verknüpfen können,
- Lerninhalte verinnerlichen,
- eigenes Lehr- und Lernverhalten reflektieren,

gesammelten Kompetenzen finden jedoch im späteren Berufsleben Anerkennung bzw. bilden eine wichtige Grundlage zum Einstieg in die Arbeitswelt.

7 vgl. auch die obigen Erläuterungen im Abschnitt «Sehr gute Noten – (k)eine hinreichende Einstellungsvoraussetzung».

- Seminarmethoden affektiv erleben,
- Lerninhalte auf das eigene Tutorium transferieren,
- interdisziplinäre Erfahrungen austauschen (vgl. Kröpke & Szczyrba 2006, S. 15).

Tutorinnen, unabhängig davon, ob sie an einer Fachhochschule oder an einer Universität eingesetzt werden, unterscheiden sich u. a. durch ihre Einsatzbereiche; diese erfordern Qualifizierungsmassnahmen, die konkret auf die verschiedenen Zielgruppen zugeschnitten werden müssen. Folgende Einsatzbereiche von Tutorinnen und Tutoren sind dabei zu unterscheiden, wobei die ersten beiden an vielen Hochschulen üblich sind, während die restlichen spezifische Einsatzbereiche der THM und der HN darstellen:

- *Orientierungs- bzw. Erstsemestertutoren*, d. h. Studierende aus höheren Semestern, die z. B. eine Einführungswoche für Studienanfänger in ihren Fachbereichen massgeblich mitgestalten und durchführen. Sie haben eine primär sozial-organisatorische Funktion und vereinfachen den Studienanfängern die Orientierung und soziale Einbindung an der Hochschule, im Fachbereich sowie am Hochschulort.
- *Fachtutorinnen*, die regelmässig veranstaltungsbegleitende Tutorien anbieten, um den Stoff von Vorlesungen oder Seminaren zu vertiefen und auf Leistungsnachweise vorzubereiten.
- *Tutoren im Bereich Auslandsreferat (THM)* unterstützen ausländische Studierende insbesondere beim Studieneinstieg, bei Behördengängen, der Immatrikulation sowie der Erstorientierung in der Hochschulgemeinschaft. Eine andere Tutorengruppe des «Internationalen Buddy-Programms» fördert den interkulturellen Austausch durch Teambildung zwischen deutschen und ausländischen Studierenden und organisiert mit den Teilnehmenden studienbezogene Veranstaltungen und Exkursionen.
- *Tutorinnen im Projekt Globus (HN)* sind fachbereichsübergreifend aktiv und regeln die Angelegenheiten der ausländischen Studierenden bei der Ankunft in Deutschland. Sie bieten die sogenannten «Willkommenstage» an und bleiben auch semesterbegleitend Ansprechpartner für die ausländischen Studierenden.
- *Tutoren im Lernzentrum (THM)* helfen Studierenden im Rahmen von Sprechstunden z. B. bei Fragen zu Inhalten von Vorlesungen weiter, zu denen es keine eigenen Tutorien gibt.
- *Tutorinnen der «Studierwerkstatt» (HN)*, welche Workshops zu den Themen «Fit durchs Studium» sowie «Optimale Prüfungsvorbereitung»

anbieten – beide Angebote bieten Hilfestellung für den Studieneinstieg und für ein erfolgreiches Studieren.

- *Labortutoren (THM)* unterstützen Studierende bei Versuchsdurchführungen und beim Geräteaufbau im Labor.
- *Mathe-Online-Tutorinnen (HN)* begleiten ein Mathematik-Tutorium, das online durchgeführt wird.
- *E-Learning-Tutoren (THM)* erstellen u. a. Screencasts und webbasierte Trainings.
- *Metacoon-Tutorinnen* sind dafür zuständig, die Studierenden in die Möglichkeiten der Lernplattform *metacoon* einzuführen (vgl. Kröpke 2010, S. 34 f.).

Die Umsetzung der Qualifizierungsmassnahmen für die beschriebenen, vielfältigen Einsatzbereiche werden im Folgenden exemplarisch anhand der beiden hier betrachteten Hochschulen dargestellt.

Technische Hochschule Mittelhessen (THM)

Die THM (www.thm.de) ist mit 13 066 Studierenden im WS 2011/12 die viertgrösste Fachhochschule Deutschlands. Sie ist über drei grössere Studienorte verteilt: Friedberg, Giessen und Wetzlar. Zunächst 1971 als Fachhochschule Giessen gegründet, bietet die THM heute mit 12 Fachbereichen insgesamt 54 ökonomische und ingenieurwissenschaftliche Studiengänge mit einem breiten Spektrum an Bachelor- und Masterstudiengängen sowie unterschiedliche Formate an. Seit dem WS 2010/11 sind alle Studiengänge der THM auf Bachelor und Master umgestellt, akkreditiert und zum Teil bereits reakkreditiert.

Tutorenqualifizierung der THM

Das Tutorenprogramm an der THM ist nach einer positiven Evaluation und mit starker Unterstützung seitens der Studierenden von einem Pilotprojekt zu einem festen Bestandteil der Hochschule geworden. Seit Juni 2011 gehört die Tutorenqualifizierung mit einer unbefristeten halben wissenschaftlichen Mitarbeiterinnenstelle als zentrale Aufgabe zur Stabsstelle IWW, Interne Wissenschaftliche Weiterbildung, Hochschuldidaktik und E-Learning. Das Programm baut auf den «Grundsätzen für gute Lehre»[8] der THM auf und wird mit der Themengruppe Tutorenqualifizierung der Arbeitsgemeinschaft Qualität in Lehre und Studium (AG QLS)[9] abgestimmt.

Die Tutorenqualifizierung der THM stellt bis jetzt ein freiwilliges Angebot dar, das grundsätzlich alle Studierenden, die in der Lehre eingesetzt werden, wahrnehmen können. Im Jahr 2011 haben 104 Studierende das Angebot wahrgenommen. Schätzungen zufolge konnten damit bereits 10 bis 30 % aller Tutorinnen und Tutoren der THM in dieser Aufbauphase erreicht werden. Langfristiges Ziel ist es, nach Möglichkeit allen in der Lehre eingesetzten Tutorinnen und Tutoren eine didaktische Qualifizierung zu ermöglichen.

Fach-, Labor- und Lernzentrumstutorinnen und -tutoren werden bisher noch gemeinsam geschult, zumal viele inhaltliche Übereinstimmungen hinsichtlich der Aufgaben vorhanden sind. Mit steigender Nachfrage können in Zukunft Workshops für die unterschiedlichen Zielgruppen angeboten werden. Bisher werden Orientierungstutoren separat durch die Zentrale Studienberatung der THM geschult, welche die STEP-Tage (Studieneinführungsprogramm) organisiert. Die Tutorinnen des Auslandsreferats werden im Teamteaching-Format geschult, bei dem eine Pädagogin bzw. Hochschuldidaktikerin gemeinsam mit einer Fachdozentin nach dem besonderen Bedarf des jeweiligen Fachbereichs bzw. der jeweiligen zentralen Einrichtung lehrt. Die Tutorinnen und Tutoren erhalten für die aktive Teilnahme an einem Workshop eine vom Vizepräsidenten für Lehre und Studium unterzeichnete Teilnahmebescheinigung. Parallel zum Ausbau der Module wird künftig eine Zertifizierung erfolgen.

Module und Prozessbegleitung der Tutorenqualifizierung

Das Tutorenprogramm besteht bisher aus einem halbtägigen Basismodul sowie vier ganztägigen Aufbaumodulen. Das Basismodul beinhaltet einen Überblick über Theorie und Praxis der Didaktik, eine Reflexion der Tutorenrolle sowie die Erarbeitung von Instrumenten für eine aktivierende Lehre. Der Besuch des Basismoduls ist Voraussetzung für die Teilnahme an den Aufbau-

8 Die «Grundsätze für gute Lehre» wurden vom Senat der Technischen Hochschule Mittelhessen am 16. April 2008 verabschiedet. Sie sind auf der Homepage der Hochschule abrufbar unter www.thm.de/site/grundsaetze-fuer-gute-lehre.html [28.3.2012].

9 Die AG QLS wurde 2004 an der THM gegründet. Sie hat sich zum Ziel gesetzt, die Aktivitäten der Fachbereiche zur Qualitätsverbesserung zu vernetzen.

modulen. Diese können auch unabhängig voneinander besucht werden und behandeln folgende Themen:

Aufbaumodule	Inhalte
Modul I «Didaktische und methodische Planung in Lehr-Lern-Prozessen»	▸ Planung eines Tutoriums ▸ Veranstaltungsphasen ▸ Lehr- und Lernmethoden
Modul II «Kommunikation und Konflikte in Lehr-Lern-Prozessen»	▸ Kommunikationsmodell Schulz von Thun ▸ Techniken zur Verbesserung der Kommunikation ▸ Schwierige Situationen an Fallbeispielen bearbeiten ▸ Umgang mit Konflikten
Modul III «Gruppen anleiten und unterstützen»	▸ Dynamik in Gruppen (Gruppenphasenmodell) ▸ TZI nach Ruth Cohn ▸ Gruppenarbeit initiieren und unterstützen
Modul IV «Moderation von Lehr-Lern-Prozessen»	▸ Grundlagen der Moderation und Diskussionsleitung ▸ Einsatz von Präsentationsmedien (Pinnwand, Flipchart, Beamer, Tafel, Overheadprojektor)
Modul V «Reflektierter Umgang mit Interkulturalität in Lehr-Lern-Prozessen» (projektiert)	▸ Hintergrund ausländischer Studierender ▸ Interkulturelle oder Alltagsprobleme?! ▸ Sensibilisierung für Stigmatisierungsprozesse

Tabelle 1 *Aufbaumodule der Tutorenqualifizierung an der Technischen Hochschule Mittelhessen*

Die Erfahrung zeigt, dass der begrenzte zeitliche Umfang der Module keinen sehr vertieften Einstieg zulässt und dass ein intensiver Einstieg in einem mindestens zweitägigen Workshop erfolgen sollte, um Raum zum Einüben und Ausprobieren von neuen, alternativen Handlungsmöglichkeiten und Haltungen im Lehr-Lern-Prozess zu ermöglichen. Da sich die Tutorenqualifizierung an der THM jedoch insgesamt noch in der Aufbauphase befindet, müssen zunächst die Voraussetzungen geschaffen werden, um für das Thema zu sensibilisieren und es in bestehenden Strukturen und Lehrkonzepten zu verankern. Bei den Studierenden soll durch kurze Workshops Interesse für diese Thematik sowie für den Besuch weiterer Workshops geweckt werden. Die Rückmeldungen der Studierenden zeigen, dass auch vonseiten der Tutoren mehr Zeit für derartige Qualifizierungen und für praxisbezogene Übungen gewünscht wird.

Neben dem Besuch der einzelnen Module werden die Tutorinnen auch während des Semesters unterstützt. Diese Prozessbegleitung umfasst Sprechstunden rund um die Tutorentätigkeit, Besuche des studentischen Tutoriums (Hospitation) mit konstruktivem Feedback sowie ein Tutorentreffen am Ende des Semesters zum Austausch über Best-Practice-Beispiele, zur gegenseitigen Vernetzung und zur lösungsorientierten Bearbeitung von erlebten schwierigen Situationen. Neben dem allgemeinen fächerübergreifenden Programm werden spezielle Tutorenqualifizierungen für Fachbereiche und zentrale Einrichtungen der Hochschule auf Wunsch in enger Zusammenarbeit mit den jeweiligen Lehrenden konzipiert, organisiert und durchgeführt. Diese Workshops werden auch im Teamteaching-Format durchgeführt.

Wahlpflichtmodule

Studierende der THM haben in einigen Studiengängen bereits die Möglichkeit, für den Besuch der Module in Verbindung mit ihrer eigenen Lehrtätigkeit, Hospitationen und einem Reflexionsbericht ECTS-Punkte zu erhalten. Das Wahlpflichtmodul «Methoden und Didaktik für Tutorinnen und Tutoren» wurde im WS 2010/11 in den Studiengängen Medieninformatik, Technische Informatik sowie Logistik der THM erfolgreich mit 4 bzw. 5 ECTS-Punkten akkreditiert. Für den Studiengang Logistik befindet sich ein daran anschliessendes Modul in der Akkreditierungsphase, das Tutoren in die Gestaltung und Durchführung der Basismodule einbinden soll, sodass die versierten Tutorinnen in diesem Rahmen ihre Erfahrungen vertiefen bzw. weitergeben können. Einige andere Fachbereiche erkennen die in diesen bereits akkreditierten Wahlpflichtmodulen erbrachten Leistungen ebenfalls an. Den unbenoteten Leistungsnachweis stellt im Anschluss an Theorie- und Praxisphasen ein Reflexionsbericht über Inhalte der Qualifizierung, die eigene Lehrpraxis und das Verständnis der Tutorenrolle dar. Das Modul wird nach transparenten Kriterien, die dem Reflexionsbericht zugrunde liegen, als bestanden oder nicht bestanden abgeschlossen. Eine Verankerung analoger Module in weiteren Studiengängen der THM ist durch die Studierenden sehr gewünscht und wird derzeit intensiv verfolgt.

Zwischenergebnis

Die flächendeckend erfolgten Evaluationen der Tutorenqualifizierungen, die durch das Zentrum für Qualitätsentwicklung (ZQE) ausgewertet wurden, fallen durchweg sehr positiv aus. Ergebnisse der quantitativen Evaluationen sowie qualitative Evaluationen, die während der Workshops durchgeführt werden, und intensive Gespräche mit Lehrenden, die Tutorinnen einsetzen, tragen zur kontinuierlichen Weiterentwicklung des Konzepts bei. Wenngleich die didaktische Qualifizierung von studentischen Tutoren an der THM noch relativ neu ist, beurteilen viele Lehrende das Konzept schon jetzt als wertvoll und empfehlen ihren Tutorinnen, das Angebot intensiv zu nutzen. Die Nachfrage nach Tutorenqualifizierungen steigt deshalb derzeit rasch an. Ein Fachbereich der THM setzt sogar den Besuch des Basismoduls für die Ausführung der Tutorentätigkeit während der Brückenkurse sowie im Lernzentrum voraus.

Für die Hochschule stellt die Tutorenqualifizierung die Einstiegsstufe im Kontext der akademischen Personalentwicklung dar. Zugleich ist dies eine neue Facette des Erwerbs sozialer Kompetenzen im Studium. Die didaktisch qualifizierten Studierenden tragen zudem aktiv dazu bei, Lehrende im Hinblick auf die Weiterentwicklung ihrer Lehrkonzepte zu unterstützen. Beispielhaft für diese Entwicklung ist die durch Tutoreneinsatz begleitete Umsetzung des Lernteamcoaching-Konzepts in mehreren Fachbereichen (Bock, Igler & Schumacher 2006). Zudem ermöglicht der Tutoreneinsatz trotz steigender Studierendenzahlen das Lernen und Üben in kleinen studentischen Gruppen. Im Sinne der «Grundsätze für gute Lehre» haben die didaktisch qualifizierten Tutorinnen zugleich eine Multiplikatorenfunktion oder auch Mittlerrolle zwischen Studierenden und Lehrenden und tragen so aktiv dazu bei, den hochschulweiten Dialog über Lehren und Lernen an der THM kontinuierlich fortzuführen sowie eine Kultur der gemeinsam getragenen Verantwortung für das Lehren und Lernen zu entwickeln.

Nora Beckmann, 28 Jahre
Studentin Maschinenbau, THM

Tutorentätigkeit
Selbstständige Planung und Leitung von Übungen für CAD
Sie absolvierte vor Studienbeginn eine Ausbildung zur Bauzeichnerin im Bereich Hochbau.

Warum sind Sie Tutorin geworden?
Ich wollte im Tutorium Erfahrungen im Umgang mit den Studierenden sammeln. Weiterhin haben mich die Inhalte der Tutorenqualifizierung interessiert. Die Tutorentätigkeit sah ich aufgrund der geringen Bezahlung nicht als Erwerbstätigkeit an, sondern als Erfahrungsfeld. Ich hatte die Erwartung, mich im Ganzen zu «üben».

Was haben Sie durch die Tutorenqualifizierung gelernt?
Ich habe vieles lernen können: etwas verständlich erklären, Animierung zum Selbststudium, Umgang mit Konflikten, Verhalten in der Vortragsrolle, sodass sich meine Vortragsangst kontinuierlich abbaute. Ich lernte bald auf feine Details zu achten, um diese zu verbessern, damit das «Publikum» noch mehr vom Tutorium hat.

Würden Sie die Tutorentätigkeit anderen Studierenden empfehlen?
Falls die finanziellen Mittel keine entscheidende Rolle spielen: ja.
Soft Skills sind im technischen Bereich grosse Mangelware. Man muss sich und andere später präsentieren können – hierzu fehlen oft Übungsfelder und vor allem das Angebot. Durch eine Tutorentätigkeit lernt man, verbindlich zu sein, auf Unvorhersehbares einzugehen und flexibel zu reagieren. Denn die Tutorentätigkeit ist ein gutes Übungsfeld, sich selbst einschätzen zu lernen.

Hochschule Niederrhein (HN)

Die HN (www.hs-niederrhein.de) ist derzeit mit 11 800 Studierenden die zweitgrösste Fachhochschule im Land Nordrhein-Westfalen. Es gibt zehn Fachbereiche an zwei Standorten, wie z. B. Sozialwesen, Wirtschaftswissenschaften, Ökotrophologie sowie unterschiedliche Ingenieurwissenschaften.

In den Fachbereichen betreibt die Hochschule 21 akkreditierte, grundständige Bachelorstudiengänge. Ergänzend zu den Bachelorstudiengängen werden 19 akkreditierte Masterstudiengänge und ein berufsbegleitender MBA angeboten.

Die HN hat die Erfolgsquote für Absolvierende in den letzten drei Jahren deutlich gesteigert und den Einsatz von Tutorien in diesem Zeitraum von rund 12 000 Tutorenstunden/Jahr (2008) auf rund 24 000 (2010) verdoppelt.

Tutorenprogramm an der HN

Das Tutorenprogramm ist an der HN in der wissenschaftlichen Einrichtung Zentrum für Integrative Kompetenzen (ZIK) im Ressort des Vizepräsidenten für Lehre und Studium angesiedelt und bislang als reines Add-on-Angebot konzipiert.

Tutorenschulungen haben an der HN schon eine lange Tradition. Gab es ursprünglich vereinzelte Angebote, um Tutoren zu schulen, konnten diese dann mit dem Programm «Studienreform 2000 plus» verstetigt werden. Während die öffentlichen Mittel in der Startphase das Tutorenprogramm absicherten, wurde es später als Qualifizierungsprogramm implementiert und ist mittlerweile ein fester Bestandteil im Rahmen von Massnahmen zur Lehrqualitätssicherung.

Mit unterschiedlichen Seminaren werden die Tutoren bestmöglich für ihre Tutoriengestaltung, -leitung und -begleitung qualifiziert. Die Module sind auf die Einsatzbereiche der Tutorinnen zugeschnitten und sollen ihnen persönliche Sicherheit und Hintergrundwissen vermitteln.

Folgende Inhalte können den Seminaren zugeordnet werden:

Seminar	Inhalte
Methodik und Didaktik	▸ Makro- und mikrodidaktische Planung eines Tutoriums ▸ Beschreibung von Lernzielen ▸ Lehr- und Lernmethoden ▸ Feedbackverfahren
Gruppenprozesse erkennen und steuern	▸ Dynamik in Gruppen (Gruppenphasenmodell) ▸ Gruppen motivieren und aktivieren ▸ Umgang mit schwierigen Teilnehmenden ▸ Grundlagen der Moderation und Diskussionsleitung

Seminar	Inhalte
Vortragstechnik und Präsentation	▸ Überzeugend sprechen und sicher auftreten (Sprechtechnik und Körpersprache) ▸ Regeln der Visualisierung ▸ Einsatz von Präsentationsmedien (Pinnwand, Flipchart, Beamer, Tafel, Overheadprojektor) ▸ Regeln zum optimalen Präsentieren ▸ Aufbau von Vorträgen und Präsentationen
Gestaltung der Einführungstage	▸ Kennenlernsituationen ▸ Studieren an der Hochschule, z. B. Veranstaltungsformen, Eigeninitiative, Orientierung im Fachbereich, in der Hochschule und am Hochschulort ▸ Planung, Organisation und Durchführung einer erfolgreichen Erstsemesterwoche ▸ Praktische Tipps im Umgang mit Gruppen
Studierwerkstatt «Fit durchs Studium»	▸ Grundlagen von Lern- und Arbeitstechniken ▸ Mitschriften anlegen ▸ Zeit- bzw. Selbstmanagement ▸ Optimale Arbeitsplatzgestaltung ▸ Persönliche Leistungskurve ▸ Alleine oder in der Gruppe lernen ▸ Lesetechniken – Grundregeln ▸ Archivierung von Unterlagen
Studierwerkstatt «Optimale Prüfungsvorbereitung»	▸ Konzentration und Motivation ▸ Gehirngerechtes Lernen ▸ Lerntypen ▸ Prüfungen erfolgreich managen (Informationsquellen, Zeitplan, Lernskript) ▸ Umgang mit Prüfungsangst ▸ Verhalten in schriftlichen und mündlichen Prüfungen

Tabelle 2 *Seminarinhalte der Tutorenworkshops (in Anlehnung an Kröpke & Szczyrba 2006, S. 16 f.)*

Die Tutoren können alle Workshops im Rahmen des Tutorenprogramms einzeln belegen oder auch das «Zertifikat für Tutorinnen und Tutoren» erwerben. Für die Teilnahme an einzelnen Seminaren aus dem Tutorenprogramm erhalten sie eine umfangreiche Bescheinigung. Eine Sprechstunde für Tutoren wird zusätzlich auf Vereinbarung angeboten.

Im Hinblick auf eine Qualitätsentwicklung werden die Tutorenschulungen regelmässig von der Koordinierungsstelle für Evaluation durch eine Teilnehmendenbefragung ausgewertet. Mit dem Fragebogen werden die Zufriedenheit auf der einen Seite und die Nützlichkeit auf der anderen Seite erhoben. Die Ergebnisse fliessen in das Tutorenprogramm ein, sodass die Schulungen dem Bedarf der Tutorinnen laufend angepasst werden können. Erfreulicherweise wurde kürzlich festgestellt, dass 94,7 % aller befragten Tutoren im Tutorenprogramm die Qualifizierungsmassnahmen weiterempfehlen würden (vgl. Koordinierungsstelle für Evaluation der Hochschule Niederrhein (Hrsg.) 2009).

«Zertifikat für Tutorinnen und Tutoren»

Studierende, die das «Zertifikat für Tutorinnen und Tutoren» erwerben möchten, müssen folgende Voraussetzungen erfüllen:

1. Besuch von drei Seminaren (Seminarauswahl je nach Zielgruppe),
2. Hospitation, d. h. eine strukturierte Beobachtung in einem Tutorium mit einem Feedbackgespräch,
3. Abschlussgespräch, d. h. eine Reflexion der eignen Lehrtätigkeit.

3. Reflexion	Abschlussgespräch	
2. Hospitation	Strukturierte Beobachtung in einem Tutorium	
1. Seminare	Vortragstechnik und Präsentation	
	Gruppenprozesse erkennen und steuern	
	Methodik und Didaktik	Gestaltung der Einführungstage
		Studierwerkstatt I «Fit durchs Studium»
		Studierwerkstatt II «Optimale Prüfungsvorbereitung»
	Fachtutoren metacoon und Mathematik-Online-Tutoren	Erstsemester- und Globus-Tutoren Tutoren der Studierwerkstatt

Tabelle 3 *Das «Zertifikat für Tutorinnen und Tutoren» im Überblick*

Fachtutoren müssen z.B. das Seminar «Methodik und Didaktik» besuchen, Erstsemestertutorinnen dagegen «Gestaltung der Einführungstage». An den Seminaren «Gruppenprozesse erkennen und steuern» sowie «Vortragstechnik und Präsentation» müssen beide Zielgruppen teilnehmen. Mit diesen Differenzierungen wird eine zielgruppengerechte Qualifizierung ermöglicht.

Tutoren müssen diese Voraussetzungen innerhalb von zwei Semestern erfüllen. Deshalb werden die Schulungen in jedem Semester angeboten. Die Seminare finden in der Regel eintägig statt; nur das Seminar «Vortragstechnik und Präsentation» nimmt eineinhalb Tage in Anspruch, da hier mit Videofeedback gearbeitet wird, das viel Zeit benötigt. In der Regel finden die Schulungen in der Hochschule statt; allerdings gibt es jeweils im Wintersemester auch die Möglichkeit, gleich zwei Seminare im Rahmen einer Wochenendveranstaltung in einem externen Tagungshaus zu absolvieren. Das hat den Vorteil, einerseits das Zusammengehörigkeitsgefühl der Tutorinnen zu stärken und andererseits den umfangreichen Stundenplänen der Bachelorstudiengänge entgegenzukommen.

Neben den fachbereichsübergreifenden Schulungen werden auf Anfrage auch spezielle fachbereichsinterne Schulungen angeboten. Während der interdisziplinäre Erfahrungsaustausch bei den übergreifenden Schulungen sehr stark gegeben ist, kann bei den internen Schulungen besser auf die Besonderheiten der jeweiligen Fachbereiche eingegangen werden.

Zu jeder Schulung gibt es ein Manual, das ausgeteilt wird. Es fasst die wesentlichen Schulungsinhalte noch einmal zusammen und dient als hilfreiches Werkzeug bei der späteren praktischen Umsetzung.

Neben dem Besuch der Seminare findet eine Hospitation statt. Diese strukturierte Beobachtung erfolgt nach einem bestimmten Leitfaden. Das Auftreten des Tutors, Rahmenbedingungen des Tutoriums, Erreichen von Lernzielen, der Einsatz von Medien, die Vermittlung von Lerninhalten sowie die Aktivierung von Teilnehmenden sind nur einige der Aspekte, auf die dabei geachtet wird. Nach der Beobachtung im Tutorium findet ein ausführliches Feedbackgespräch statt, in dem die Reflexion der beobachteten Unterrichtseinheit im Mittelpunkt steht.

In einem Abschlussgespräch werden die Seminarinhalte noch einmal in Beziehung zur eigenen Tutorentätigkeit diskutiert und auf andere Situationen transferiert.

Sind die drei Pflichtbausteine erfüllt, erhalten die Tutorinnen das «Zertifikat für Tutorinnen und Tutoren». In diesem wird ausführlich dokumentiert, dass die Tutoren umfassend geschult wurden. Einzelheiten werden detailliert aufgelistet, wie z. B. Titel, Umfang und Inhalte der einzelnen Schulungsmassnahmen, die Hospitation und das Abschlussgespräch sowie das Format des Tutoriums. Das Zertifikat wird vom Vizepräsidenten für Lehre und Studium unterschrieben und bei einem Empfang, zu dem dieser jährlich alle Tutorinnen einlädt, feierlich vergeben. Damit soll eine besondere Gewichtung zum Ausdruck kommen.

Zertifizierte Tutorinnen können sich zudem an der HN für den «Tutorenpreis» bewerben, der jährlich verliehen wird und das Engagement der Tutoren noch einmal ganz besonders würdigt. Ein Bewerbungsverfahren nach bestimmten Gütekriterien wird hierzu durchlaufen.

Ausblick

Tutorenqualifizierung ist an der Hochschule Niederrhein ein fester Bestandteil der Lehre und wird auch von der Hochschulleitung keineswegs nur als «nice to have» angesehen. Die steigenden Zahlen der Zertifikate zeigen, dass immer mehr Tutorinnen und Tutoren eine umfangreiche Qualifizierung anstreben: Wurden im Jahr 2004 noch acht Zertifikate vergeben, waren es 2010 bereits vierzig. Gerade aufgrund seiner steigenden Bedeutung wird das Qualifizierungsprogramm ständig weiterentwickelt.

Jüngst wurde ein Antrag der HN im Rahmen des Programms des Bundes und der Länder für bessere Studienbedingungen zum Thema «Peer-Tutoring und Studienverlaufsberatung - individualisiertes Studieren durch kooperatives Lernen (Kurz: Peer-Tutoring)» bewilligt. In diesem Zusammenhang beabsichtigt die HN, ihr bestehendes Tutorienwesen systematisch auszubauen und neben Fach- und Erstsemestertutorinnen auch studentische Repetitoren einzusetzen.

Zukünftig soll es somit an der Hochschule drei Kategorien von studentischen Betreuern geben:

1. Repetitoren für die systematische Wiederholung von Lerninhalten und für die gezielte Vorbereitung auf Prüfungen (neu einzuführen),
2. Fachtutorinnen für die Vertiefung und Illustration der in den Vorlesungen vorgestellten Inhalte (weiter auszubauen) und
3. Erstsemestertutoren mit sozial-organisatorischer Funktion (wie bisher).

Als Repetitoren sind Studierende aus höheren Semestern oder Masterstudenten vorgesehen, die didaktisch ausreichend qualifiziert sind bzw. werden und den Stoff der Vorlesungen hervorragend beherrschen, auf dessen Prüfung sie die Studierenden mit geringem Studienerfolg systematisch in kleinen Lerngruppen vorbereiten sollen. Damit setzt die HN noch mehr auf Lehr- und Lernarrangements, die «von Studierenden für Studierende» angeboten werden. Bei diesen «Lerngemeinschaften auf Augenhöhe» als einer Form von Peer-Tutoring geben Studierende Hilfe zur Selbsthilfe und motivieren damit für ein partnerschaftliches, kooperatives Lernen.

Die Qualifizierungsmassnahmen für Tutoren und Repetitorinnen sollen zukünftig verpflichtend und flächendeckend in allen Fachbereichen angeboten werden.

Sascha Klever, 39 Jahre
Fachbereich Wirtschaftswissenschaften der Hochschule Niederrhein, Fachrichtung Controlling

Tutorentätigkeit
Tutor für den Bereich Mathematik im berufsbegleitenden Studiengang der Hochschule. In diesem Tutorium werden den Studierenden die Aufgaben der Wirtschafts- und Finanzmathematik und die Wege zu deren Lösungen nähergebracht. Er ist kaufmännischer Angestellter und arbeitete vor Studienbeginn bei einem kleineren Elektronikbroker.

Warum sind Sie Tutor geworden?
Nach meiner Prüfung im Fach Mathematik hat mich mein Mathematikprofessor angefragt, für ihn als Tutor tätig zu werden. Im ersten Reflex habe ich abgelehnt, da ich mir die Aufgabe nicht zugetraut habe, aber auch Zweifel wegen meiner verfügbaren Zeit hatte. Nach ein paar Tagen des Nachdenkens habe ich allerdings noch einmal das Gespräch mit meinem Professor gesucht. Er hat mir Mut gemacht und mir gezeigt, dass das Fach Mathematik gut strukturiert ist. Einer meiner Hauptgründe, schliesslich doch Tutor zu werden, war der Spass an der Mathematik und die Freude daran zu sehen, wie die Studierenden die gestellte Aufgabe verstehen. Darüber hinaus habe ich in dem Tutorium eine grosse Chance gesehen, mich selbst weiterzuentwickeln. Dass man für diese Tätigkeit noch ein kleines Taschengeld erhält, mag nicht berufstätigen Studierenden als grössere Motivation dienen. Für mich ist es nur ein nettes Plus zu den sonstigen Vorteilen.

Was haben Sie durch die Tutorenqualifizierung gelernt?
Die Tutorenschulung hat dabei geholfen, mein Auftreten zu verfeinern. Auch dies wird mir in meinem zukünftigen Berufsleben noch einmal eine grosse Hilfe sein. Insgesamt bin ich selbstsicherer im Auftritt vor anderen geworden.

Würden Sie die Tutorentätigkeit anderen Studierenden empfehlen?
Im Hinblick auf die Erfahrungen, die ich machen durfte, und die Selbstsicherheit, die ich gewonnen habe, kann ich jedem Studierenden nur raten, solch eine Chance, sollte sie einem geboten werden, wahrzunehmen.
Eine grosse Hilfe, das Tutorium mit Beruf und eigenem Studium zu vereinbaren, war die hohe Flexibilität meines Professors und seine strukturierte Tutorenbetreuung. Ich denke, dies sind für einen berufstätigen Tutor wichtige Voraussetzungen, um die zeitliche Zusatzbelastung zu meistern.

Fazit

Es ist festzustellen, dass der Einsatz von Tutorinnen und Tutoren eine grosse Wirkung auf das eigene Lernen und Verstehen der Studierenden haben kann. Denn durch studentische Tutorien werden nicht nur Lehrende entlastet, sondern auch Lernprozesse der Studierenden «auf Augenhöhe» angeleitet und vertieft. Dabei wird gerade auch bei den Tutorinnen das eigene Lernen durch die Lehr- und Beratungstätigkeit besonders reflektiert und verstärkt. Daraus resultieren optimierte studentische Lernprozesse und ein erfolgreicheres Studieren. In diesem vertrauensvollen Dialog zwischen Lehrenden und Studierenden mit unterschiedlichen Rollen kann es zudem leichter gelingen, neue, aktivierende Lehr-Lern-Konzepte zu entwickeln und erfolgreich umzusetzen. Dabei ist es unerheblich, ob die Tutoren an Universitäten oder an Fachhochschulen qualifiziert und eingesetzt werden. Das zeigt sich auch immer wieder im kollaborativen Austausch im Netzwerk Tutorienarbeit an Hochschulen, an dem Fachhochschulen und Universitäten beteiligt sind und in dessen Rahmen zukünftig an einer hochschulübergreifenden Zertifizierung für Tutoren gearbeitet wird.

Bei steigenden Studierendenzahlen werden in Deutschland Tutorinnen und Tutoren zur Deckung des Lehrbedarfs und zur Entlastung der Lehrenden sicherlich noch mehr als bisher eingesetzt werden. Dafür müssen sie allerdings im Vorfeld sowie begleitend qualifiziert werden. Die Erfahrung zeigt, dass Tutoren, die Qualifizierungsprogramme besuchen, viele offene Fragen und grosse Unsicherheiten haben und ihre Tutorenrolle nicht so ohne Weiteres ausfüllen können. Es bedarf deshalb hilfreicher Instrumente und Übungsmöglichkeiten, um die verantwortungsvolle Aufgabe – Lernbegleiter einerseits und Studierender andererseits – wahrzunehmen. Dafür sollten Weiterbildungsmassnahmen institutionell gefördert, gewürdigt und vor allem curricular verankert werden.

Einen deutlichen Schub in diese Richtung gibt das Bund-Länder-Programm «Für bessere Studienbedingungen und mehr Qualität in der Lehre» (Qualitätspakt Lehre). Die deutsche Bundesregierung stellt den Hochschulen im Qualitätspakt Lehre bis zum Jahr 2020 insgesamt rund 2 Milliarden Euro zur Verfügung. Beide der hier beschriebenen Hochschulen profitieren auch hinsichtlich der Tutorenqualifizierung von dieser Förderung, die insgesamt 186 Hochschulen bundesweit zugutekommt.

Qualifizierte Tutorinnen von heute können so zum wissenschaftlichen Nachwuchs von morgen werden, zumal der Einsatz von didaktisch qualifizierten Studierenden in der Lehre den Einstieg in die akademische Personalentwicklung bedeutet.

Je mehr Tutorenqualifizierungsprogramme Einzug in die Hochschulen halten, desto mehr kann die Qualität der Lehre durch Anregungen von Tutorinnen optimiert werden. Generell nehmen Tutoren, unabhängig von einer didaktischen Qualifizierung, eine wichtige «Scharnierfunktion» zwischen Lehrenden und Studierenden ein: Durch die enge Zusammenarbeit von Tutorinnen und Lehrenden wird eine Dialogkultur über Lehr- und Lernprozesse geschaffen, die die Perspektiven aller Beteiligten an diesem Prozess berücksichtigt. Um ihn in Gang zu bringen, sollten zudem auch die weiteren Akteure einer Hochschule beteiligt sein, wie z. B. Präsidium/Rektorat, Lehrende, Tutorenbeauftragte in Fachbereichen oder Fakultäten, Dekane, Stundenplaner usw. Nur so werden eine Umsetzung in die Praxis und vor allem die Nachhaltigkeit der Qualifizierungen und des Tutoreneinsatzes insgesamt gewährleistet sein.

Literatur

Barr, R. B. & Tagg, J. (1995). From Teaching to Learning – A New Paradigm for Undergraduate Education. *Change*, 27 (6), pp. 13–25. Online: http://ilte.ius.edu/pdf/BarrTagg.pdf (1.7.2012).

Bock, S., Igler, B. & Schumacher, E.-M. (2006). Lernteamcoaching – Schlüsselkompetenzen in Vorlesungen vermitteln. Erfahrungen aus einem Projekt im Studiengang Informatik der FH Giessen-Friedberg. *SQ-Forum. Schlüsselqualifikationen in Lehre, Forschung und Praxis,* 2, S. 3–14.

Eggert, U. (2008). *Kursbuch Unternehmensführung. Trends, Fakten, Ideen.* Regensburg: Walhalla.

Görts, W. (Hrsg.) (2011). *Tutoreneinsatz und Tutorenausbildung: Studierende als Tutoren, Übungsleiter, Mentoren, Trainer, Begleiter und Coaches - Analysen und Anleitung für die Praxis.* Bielefeld: Webler.

Görts, W. (2011). Schulung von Übungsleitern in der Informatik: Ausbildung unter der Bedingung geringer Ressourcen. In: Görts, W. (Hrsg.), *Tutoreneinsatz und Tutorenausbildung - Studierende als Tutoren, Übungsleiter, Mentoren, Trainer, Begleiter und Coaches* (S. 40–61). Bielefeld: Webler.

Hitziger, H. & Dailidow, N. (o. J.). *Tutorengestütztes lernorientiertes Lehren von Vermittlung von Schlüsselkompetenzen an Hochschulen - Ein Erfahrungsbericht über innovative (hochschul-)didaktische Praxis.* Online: www.hitziger-beratung.de/htm/pdf/Tutorengestuetztes_Lehren-Kongressbeitrag.pdf (1.7.2012).

Knauf, H. (2005). *Tutorenhandbuch. Einführung in die Tutorenarbeit.* Bielefeld: Webler.

Konrad, K. & Traub, S. (2008). *Kooperatives Lernen. Theorie und Praxis in Schule, Hochschule und Erwachsenenbildung.* Baltmannsweiler: Schneider.

Koordinierungsstelle für Evaluation der Hochschule Niederrhein (Hrsg.) (2009). *Auswertung der Fragebögen Tutorenschulung 2008–2009.* Mönchengladbach.

Kröpke, H. (2008). Das Tutorenprogramm an der Hochschule Niederrhein. In: Brinker, T. & Müller, E. (Hrsg.), *Wer, wo, wie und wie viele Schlüsselkompetenzen? Wege und Erfahrungen aus der Praxis an Hochschulen.* (S. 219–226). IZK. Bochum: HS Bochum.

Kröpke, H. (2010). Tutoring an der Hochschule Niederrhein - Ergänzende Komponente. In: Brall, S. & Lent, M. (Hrsg.), *Hürdenlauftraining - Mentorenprogramme im Fachbereich gestalten.* (S. 33–38). Norderstedt: Books on Demand.

Kröpke, H. & Szczyrba, B. (2006). Wer stützt den Sherpa? Tutorenweiterbildung als Investition in Qualität der Lehre. In: Behrendt, B., Voss, H.-P. & Wildt, J. (Hrsg.), *Neues Handbuch Hochschullehre (Griffmarke F 6.5).* Stuttgart: Raabe.

Preisser, R. (1993). Lehrveranstaltungskritiken als erster Schritt einer Evaluation der Lehre an der technischen Universität Berlin. In: Winkler, H. (Hrsg.), *Qualität der Hochschulausbildung* (Werkstattberichte, 40). (S. 35–60). Kassel, Universität Gesamthochschule, Wissenschaftliches Zentrum für Berufs- und Hochschulforschung.

Schön, D. A. (1983). *The Reflective Practitioner: How professionals think in action.* London: Temple Smith.

Welbers, U. & Gaus, O. (2005). *The Shift from Teaching to Learning. Konstruktionsbedingungen eines Ideals* (Blickpunkt Hochschuldidaktik, Bd. 116). Bielefeld: Bertelsmann.

Zentrale Studienberatung der TU Dresden (Hrsg.) (2007). *Tutorenhandbuch.* Dresden, Universität.

Heike Kröpke, Dipl. Päd.
Wissenschaftliche Mitarbeiterin im «Zentrum für Integrative Kompetenzen» (ZIK), Ressort Vizepräsident für Lehre und Studium der Hochschule Niederrhein. Leiterin des Tutorenprogramms und zuständig für den Erwerb von Schlüsselqualifikationen. Netzwerksprecherin im «Netzwerk Tutorienarbeit an Hochschulen».

Melanie Szabo-Batancs, M. A.
Wissenschaftliche Mitarbeiterin der Technischen Hochschule Mittelhessen in der Stabsstelle IWW – Interne Wissenschaftliche Weiterbildung – Hochschuldidaktik und E-Learning. Zuständig für das Tutorenqualifizierungsprogramm sowie für das hochschuldidaktische Coaching für Lehrende.

Silke Bock, Dipl.-Geogr.
Leiterin der Stabsstelle IWW – Interne Wissenschaftliche Weiterbildung – Hochschuldidaktik und E-Learning der Technischen Hochschule Mittelhessen, hochschuldidaktische Multiplikatorin und Leitungsmitglied im Zentrum für Qualitätsentwicklung.

Band 1

Heinz Bachman (Hrsg.)

Kompetenzorientierte Hochschullehre
Die Notwendigkeit von Kohärenz zwischen Lernzielen, Prüfungsformen und Lehr-Lern-Methoden

128 Seiten, Broschur

Im gegenwärtigen Verständnis der lernorientierten Hochschullehre werden Lernzielorientierung, adäquate Formen der Lernkontrolle und das Design der Lehrveranstaltung aufeinander abgestimmt – sodass nach neueren lernpsychologischen Erkenntnissen der Eigentätigkeit der Studierenden besondere Aufmerksamkeit geschenkt wird. Dieser Logik der Planung folgt der Aufbau des ersten Bandes der Reihe Forum Hochschuldidaktik und Erwachsenenbildung.

In vier Beiträgen geht es der Reihe nach um die Neuorientierung in der Lehre an Hochschulen, kompetenzorientierte Lernzielformulierungen, die Gestaltung lernzielorientierter Leistungsnachweise sowie die Schaffung von Lernumgebungen, welche den viel beschworenen «shift from teaching to learning» zulassen.

Band 2

Geri Thomann, Monique Honegger, Peter Suter (Hrsg.)

Zwischen Beraten und Dozieren
Praxis, Reflexion und Anregungen für die Hochschullehre

168 Seiten, Broschur

Unter «Dozieren» im Hochschulalltag wird in der Regel immer noch Unterrichten, Erzählen, Vorzeigen, Vorlesungen-Halten verstanden. Ein Klischee? Wir wissen, dass mit der Fokussierung auf Aneignungsprozesse von Lernenden und durch die strukturelle Prämisse des Selbststudiums individualisierte Lernsettings wie Projektlernen, Fallstudienbearbeitungen, Onlinephasen mit Aufgaben etc. zunehmen. Ebenso wissen wir, dass die Dozierenden hierbei auch in anderen Formen – eben beratend oder begleitend – tätig sind.

Band 2 der Reihe Forum Hochschuldidaktik und Erwachsenenbildung versammelt Texte, welche die Rahmenbedingungen, Ansprüche und Praxen beratender Tätigkeit im Lehralltag an Hochschulen und damit verbundene Spannungsfelder thematisiert. Damit soll eine Annäherung an ein Beratungsverständnis im Hochschulalltag und eine Diskussion darüber ermöglicht werden.